LE

BONNET ROUGE

PAR RABAN.

❀

Tome premier.

❀

PARIS.

AUG. RORET, LIBRAIRE-ÉDITEUR,
RUE DES POITEVINS, N. 3.

1834

LE

BONNET ROUGE.

1159

IMPRIMERIE DE G.-A. DENTU,
Rue d'Erfurth, 1 *bis*.

LE

BONNET ROUGE

PAR RABAN.

❀

Tome premier.

❀

PARIS.

AUG. RORET, LIBRAIRE-ÉDITEUR,
RUE DES POITEVINS, N. 3.

•

1834

LE

BONNET ROUGE.

I.

L'auberge de la Croix-Blanche. — La chambre de
Rosine. — Une visite aux Invalides.

—Être garçon d'auberge! quel exécrable métier! sentir dans sa poitrine
battre un cœur d'homme, avoir quelques idées dans le cerveau, et être à

la discrétion de ces brutes à face humaine!... malédiction!... encore si j'é-
tais tout à fait ignorant; si mon père,
mieux avisé, eût travaillé à me rendre
stupide! mais non, l'excellent homme!
il se donnait toutes les peines du monde
pour m'enseigner quelque chose, pour
m'apprendre à penser...

— Holà! garçon!

— Le voilà!

— Eh bien, animal! ce gigot?

— Dans un instant, monsieur.

— Tout de suite, jean-f.....!

— Seulement quelques tours de bro-
che, et.....

— Ah! tu raisonnes!... pif! paf!...

Pif, c'était un soufflet; paf, un coup
de pied au derrière; le dispensateur de
ces gentillesses un officier aux gardes-
françaises qui se croyait tout permis
parce qu'il s'appelait le comte de Kerkalec et qu'il commandait une compa-
gnie; enfin, cette scène se passait à
l'auberge de la Croix-Blanche, à Paris,
laquelle auberge était alors tenue par
un rival de Bancelin, fameux traiteur
où les gens du grand monde se don-
naient le plaisir de s'encanailler.

Étourdi par le *pif,* forcé par le *paf*
de faire quelques pas en avant, Simon
sentit tout à coup le rouge lui monter
au visage; puis il pâlit, serra les poings,

grinça les dents, et par un mouvement
convulsif il porta la main sur le manche d'un tranche-lard passé dans la
ceinture du tablier presque blanc qu'il
portait. Jamais, peut-être, le comte
de Kerkalec n'avait, sans s'en douter,
été aussi près de la mort ; mais tout à
coup, prompte comme l'étincelle élec-
trique, une pensée se fit jour chez Simon à travers la haine et la soif de
vengeance qui maîtrisaient ses facultés.
—Eh! ma mère! pensa-t-il, ma pauvre
mère! qui la nourrira?.... Il n'en fallut
pas davantage ; la tête du jeune homme
retomba sur sa poitrine, sa main aban-
donna le manche du couteau ; il revint
dans la cuisine, et tandis que d'une
main il essuyait deux grosses larmes

qui s'étaient fait jour sous ses paupières, de l'autre il arrosait le gigot destiné à l'officier. — Oh! disait-il, quelle horrible vie!... Faudra-t-il que ma jeunesse entière se consume dans cette sale taverne?... Ah! ces gens qui ont des laquais, des voitures et des châteaux, ne soupçonnent pas tout ce qu'il faut posséder de vertu pour être à la fois pauvre et honnête homme!... Eh! combien y a-t-il d'honnêtes gens, de véritables gens de bien dans cette caste privilégiée, parmi ces hommes qui possèdent?... Il leur serait pourtant si facile de faire le bien!

— Simon!

— Madame!

— Allons donc, paresseux!..... les couverts à mettre au numéro 1!.... Le marquis de Balara, le vicomte du Maigron et quatre demoiselles de l'Opéra... nos meilleures pratiques... Vous fermerez les persiennes... Du bourgogne de première qualité... Dieu! les aimables personnes!... elles ont dansé hier à Versailles... Ce n'est pas avec elles qu'on s'aviserait de regarder sur la carte autre chose que le total!

Simon obéit, et tout en dressant la table il reprit son monologue : — Ce que ces gens-là vont dévorer ce soir, disait-il, suffirait au bien-être d'une famille entière... Qu'ont-ils fait pour être si heureux?.... Allons, ne raisonnons pas, car il faut être honnête homme.... Eh! pourtant, que dois-je, moi, à cette société qui me repousse, et qui, en récompense des travaux pénibles auxquels je me condamne pour lui plaire, m'accable de mépris?

— Simon!

— Monsieur!

— Avance ici, drôle! que je t'alonge les oreilles, afin que tu entendes mieux une autre fois.

— Mais, monsieur...

— Tiens!... porte ça à la cuisine!

Et le visage du pauvre garçon s'anima de nouveau, et ses poings se serrèrent, et il sentit la rage pénétrer dans son cœur; mais le souvenir de sa mère vint encore le calmer, il se tut.

Simon avait dix-neuf ans; son père, que des malheurs non mérités avaient ruiné, était mort, et sa mère ne vivait depuis long-temps que du produit que le jeune homme tirait du travail abject auquel il s'était condamné. Une autre personne aidait encore Simon à supporter ses chagrins : Rosine, jeune fleuriste à la taille svelte, aux yeux noirs et au teint frais, Rosine lui avait rendu d'abord regards pour regards, soupir pour soupir, puis sermens pour sermens, tant et si bien que, depuis quelques mois, ils n'avaient plus rien à

échanger. C'était près de Rosine que,
le soir, lorsqu'il pouvait disposer de
quelques instans, Simon venait oublier les dégoûts dont il avait été
abreuvé pendant la journée : les consolations ne lui manquaient pas alors.

Ce soir-là, le pauvre garçon avait,
comme on vient de le voir, plus besoin
de consolations que jamais. Il était
tard lorsqu'il parvint à s'échapper de
la Croix-Blanche sans craindre que
son absence fût remarquée. Il court,
ou plutôt il vole vers la rue aux Ours ;
en un clin d'œil il a franchi les cinq
étages qui séparent le rez-de-chaussée
du réduit où reposent ses amours : il
frappe doucement à la porte... on ne

répond pas ; cependant il lui semble
avoir entendu un léger bruit dans l'intérieur.... il frappe une seconde fois
sans plus de succès , puis encore....
même silence... Cela est inconcevable,
car il est près de minuit. Simon frappe
plus fort ; puis, approchant ses lèvres
du trou de la serrure , il dit :

— Ouvre-moi , Rosine ; ne crains
rien... c'est Simon.

— Que le diable emporte l'animal!
s'écria alors de l'intérieur une voix
qui n'avait rien de féminin ; je veux
être pendu s'il s'en retourne avec ses
deux oreilles !

Simon croyait rêver ; il s'orientait

afin de s'assurer qu'il était bien près de
la chambre de Rosine ; mais il avait à
peine eu le temps d'étendre les bras
lorsque la porte de la mansarde s'ouvrit avec violence : à la lueur incertaine
d'une chandelle placée derrière un pa-
ravent il vit un homme en chemise qui,
d'une main, relevait d'épaisses mousta-
ches, tandis que de l'autre il tenait encore la clef dans la serrure. Le pauvre
garçon reste immobile de surprise :
persuadé qu'il s'est trompé de porte,
il s'apprête à balbutier une excuse ;
mais au moment où il va parler, ses
yeux rencontrent ceux de l'homme nu...
C'est le comte de Kerkalec! et cette
chambre est bien celle de Rosine!....
En ce moment toutes les puissances

de là terre n'auraient pu contraindre Simon à reculer d'un pas : prompt comme la foudre il s'élance sur le capitaine et le saisit à la gorge ; mais celui-ci se dégage lestement, saisit son épée, placée sur une petite table, et ferme brusquement la porte.

—Allons, drôle! s'écria-t-il en se tournant vers le jeune homme et lui tenant la pointe au corps, allons, à genoux, et qu'on me demande pardon, les mains jointes!.... Pardieu! c'est trop fort!.... un animal de cette sorte, un sale marmiton oser me disputer.... Coquin, tu paieras cher l'honneur d'avoir pour rival un homme de condition!...

Simon écumait de rage; il regarde autour de lui, bien décidé à se faire une arme du premier meuble qui va lui tomber sous la main; mais son adversaire, qui l'a deviné, avance d'une semelle, et lui appuyant son épée sur la poitrine :

— Si tu fais un pas, tu es mort!

— Frappe donc, lâche!

— A genoux, maraud!

Simon se retourne, saisit une chaise, il va frapper; mais au même instant il sent le froid du fer glisser sur ses côtes, et le sang coule au travers de ses vêtemens. La fureur du pauvre garçon est à son comble, il rugit, et va se

précipiter une seconde fois sur l'arme
du capitaine. Une pensée soudaine l'arrête.

— Ma mère! s'écria-t-il.

— A genoux, canaille!... Ah! sale
baudet, tu veux faire le petit chien!...
Comment diable, mon enfant, une jolie fille comme toi peut-elle recevoir
un goujat de cette sorte.... le dernier
marmiton d'un gargotier?

En parlant ainsi, il se tourna vers le
lit où était Rosine, qui, à demi-morte
de frayeur, s'était cachée le visage sous
les couvertures. L'officier s'approche
pour forcer la jeune fille à voir ce qui
se passe, et Simon, profitant de ce mou-

vement, s'élance vers la porte et dispa-
raît.

Simon étouffait de rage, de douleur
et de honte; la vengeance était désormais son besoin le plus impérieux; il
fallait qu'il se vengeât de l'humanité
tout entière. C'était au mois de juillet;
la nuit était belle, le ciel étoilé; le
grand air calma un peu l'exaspération
du jeune homme. Il arrêta avec son
mouchoir le sang qui coulait de la légère blessure que lui avait faite le capitaine. Après avoir marché quelque
temps, il s'assit sur un banc de pierre,
près la porte d'un hôtel, et commença
à réfléchir sur ce qu'il devait faire;
mais, au bout de quelques instants, le

calme de la nuit et la fatigue qui l'accablait appesantirent ses paupières, il s'endormit.

Déjà il faisait jour depuis long-temps lorsqu'un bruit confus de cris, de chants, de pas précipités réveilla Simon. Il ouvrit les yeux, et vit une foule d'hommes et de femmes armés de piques, de fourches, de sabres et de fusils. Près de lui, assis sur le même banc, était un homme portant des vêtemens déguenillés, la barbe longue, et n'ayant pas de souliers. Cet homme paraissait fort occupé à aiguiser sur l'angle de la pierre qui lui servait de siége un vieux sabre rouillé auquel le manche d'une serpe servait de garde.

— Où suis-je donc? s'écria Simon en se frottant les yeux.

— A Paris, mon garçon, répondit l'homme sans pour cela interrompre son travail, à Paris, capitale de la grande nation, ous qu'il va y avoir un tantinet de grabuge à l'endroit des nobliaux qui fait souffrir l'pauvre monde.

— Est-ce qu'il y a quelque trouble?

—Comment, trouble!... du tout, mon homme : y a assez long-temps que l'royaume du gouvernement d'la nation n'marche pas droit; aujourd'hui l'peuple va lui r'dresser les abatis; c'est-y clair ça?

— On va donc se battre?

—Mais ça me paraît assez parallèle, d'autant plus qu'y a aux Invalides quèques milliers d'fusils qui restentlesbras croisés d'puis assez long-temps, c'qui est cause que j'allons les dénicher pour ouvrir l'bal; et, en conscience, mon garçon, t'as tort d'faire l'faignant; car l'peuple, c'est toi, c'est moi, c'est un autre, c'qui fait que... V'là mon sabre qu'a l'fil...Eh bien! quoi qu't'en dis?... es-tu des nôtres?.... allons donc, pus vite que ça; car les pus pressés sont d'vant, et je n'veux pas qu'y soit dit que Jacques Cloquet était dans les traînards.

— Partons, partons! s'écria Simon, qui avait eu le temps de se rappeler

les événemens de la nuit. On va se
battre!... oh! oui, je suis des vôtres!...
se battre contre les gens qui possèdent, contre ceux qui veulent faire de
ma vie un long supplice!... oui, oui, je
me battrai!... Des armes! où trouver
des armes?...

— Touche là, cadet! j' taime comme
ça, et vive la nation!... Pour ce qui
est des armes, j' tai dit qu'il s'agissait
d'aller en dénicher aux Invalides; en
route!... v'là une vieille lame qui nous
aidera à nous faire place. En avant!

Simon ne se le fit pas répéter. Précédé
de son nouveau compagnon, il se mit
en marche, et tous deux se joignirent

au premier groupe qu'ils rencontrè-
rent.

Cela se passait le 14 juillet 1789.
C'était vraiment un spectacle extraor-
dinaire que cette foule courant aux armes avec autant d'empressement que
s'il se fût agi d'une partie de plaisir,
et ne sachant pas au juste contre qui
elle dirigerait ces armes qu'elle récla-
mait à grands cris : des femmes, des
enfans, des vieillards se montraient
presque partout au premier rang ; et
tous ces visages étaient animés, rayon-
nans, et sous tous ces lambeaux bat-
taient des cœurs pleins de courage et
de patriotisme. Il n'y avait dans cette
marche ni symétrie ni ordre : c'était

un flot suivi d'un autre flot. Ici des
cris de joie se faisaient entendre, plus
loin des imprécations et des blasphê-
mes. Ce peuple, après un sommeil de
plusieurs siècles, venait de se réveiller :
c'était le réveil du lion. Aux cris de
mort aux nobles! succédaient les cris de
vive la liberté! vive la nation! Il n'en fallait pas tant pour faire naître dans
le cœur de Simon ce noble enthou-
siasme qui, en France, se communi-
que si facilement.

Bientôt on arrive à l'Hôtel des Invalides ; mais déjà une foule immense en-
combrait les jardins et les cours; on se
pousse, on se presse pour entrer; les
plus faibles sont renversés, étouffés,

foulés au pieds. On avance d'un pas, on recule de deux ; des cris déchirans, des plaintes, de sourds gémissemens sont étouffés par le bruit des armes, le roulement des tambours et les cris de joie de ceux qui sont parvenus à se procurer des fusils. Depuis un quart d'heure Simon faisait de vains efforts pour franchir la grille, lorsque Cloquet, qui le précédait, brandissant son sabre au-dessus de sa tête, s'écria : — Place au vieux soldat ! nous allons vous montrer le chemin ! vive la nation !... Ces paroles et les démonstrations dont elles étaient accompagnées imposèrent à ceux qui l'environnaient, on lui fit place ; Simon le suivit de près, et bientôt tous deux arrivèrent rapidement dans l'intérieur.

Mais ici la confusion n'était pas moins
grande : les premiers arrivés s'étaient
emparés de quelques fusils, des hale-
bardes et d'une certaine quantité de
vieux sabres, et déjà depuis une heure
on cherchait en vain le dépôt qu'on sa·
vait exister dans cette maison.

— Allons-nous-en, il n'y a plus rien!
crièrent quelques hommes qui reve-
naient de l'intérieur.

— Comment, sacredieu! il n'y a plus
rien! dit Cloquet, c'est c' que nous allons voir!... Y s'agit de savoir si les enfans d' la nation se laisseront faire la
queue par ces animaux de triste-à-pat-
tes qui ont trois jambes pour cinq!...

J' veux que l' diable me brûle, si Jacques Cloquet s'en va sans fusil!

A ces mots, et toujours à l'aide de
son sabre, il se fait jour de nouveau
et parvient dans l'intérieur des bâtimens.
Simon le suivait de près. Arrivé au
premier étage, Cloquet rencontre un
officier invalide.

— Allons, mon ancien, dit-il en
l'arrêtant, faites-nous l'amitié d' nous
enseigner le chemin des clarinettes.

— Je ne sais ce que vous voulez
dire.

— Ça veut dire, mon officier, qu'
vous avez tort d' nous prendre pour
des r'crues... Allons, mille tonnerres!

pas d' bamboches! vive la nation! des fusils, ou la mort!

A ces mots, il saisit d'un poignet vigoureux l'invalide, et de l'autre, levant son sabre, il semble prêt à frapper.

— Quand vous m'aurez tué, dit tranquillement le vieux soldat, vous n'en serez pas plus avancé, et je n'aurai pas perdu grand'chose.

— Je ne le souffrirai pas! s'écria Simon en arrêtant le bras menaçant de son terrible compagnon.

— Oh! sacredieu! je te le ferai bien souffrir! répliqua Cloquet.

Et d'un coup de pied il l'envoya tomber à six pas de lui ; puis, regardant l'officier sous le nez, il reprit :

— Eh bien, vieux renard! c'est-y pour aujourd'hui?... Sacré tonnerre! parle, ou je vas te délier la langue!

— Mais, en supposant qu'il y ait ici des fusils, qu'en voulez-vous faire? nous sommes en paix avec tout le monde.

— Sois en paix avec le diable, je m'en.... moque! mais le peuple, pour qui le prends-tu?... Eh bien! si tu veux la paix, le peuple veut la guerre, et il la f'ra; le peuple veut la liberté, et il l'aura; le peuple veut exterminer les aristocrates, et il les exterminera, en

commençant par toi, vieux rat de ca-
serne ! si dans cinq minutes nous n'a-
vons pas les fusils que nous demandons.

Alors, Cloquet, sans lâcher l'officier,
se tourna vers la foule qui s'avançait de
ce côté, et à la tête de laquelle se trouvait Simon, qui, tout étourdi d'abord de
la manière dont l'avait traité sa nouvelle
connaissance, s'apprêtait à rétorquer
vigoureusement l'argument que Jacques
avait cru sans réplique.

— Mes amis, dit Cloquet, voici un
vieux gredin qui sait où sont les fusils
et qui ne veut pas l' dire.

— A la lanterne ! à la lanterne ! s'é-
cria-t-on de toutes parts.

— Entends-tu? reprit Cloquet en s'adressant à l'officier; ton jugement est prononcé, et celui-là, y a pas d'parlement capable de l'casser; sitôt pris, sitôt pendu... Vous autres, apprêtez la corde!

— Si ma mort pouvait être utile, je n'hésiterais pas à vous laisser commettre un crime dont, tôt ou tard, vous recevriez le châtiment; mais d'autres, peut-être, seraient moins discrets... Suivez-moi!

— Bravo! bravo! vive l'officier! s'écria-t-on de toutes parts.

Et cet homme, menacé tout à l'heure d'une mort ignominieuse, est porté en triomphe par ceux-là même qui avaient apprêté l'instrument du supplice. En tête du cortége marchent Cloquet et Simon, ce dernier pardonnant à son nouveau camarade en faveur du résultat qu'avait amené son énergique éloquence. On arrive sous le dôme.

— C'est là, dit le vieil invalide en montrant la porte d'un petit caveau masquée par quelques planches.

A peine ces deux mots étaient-ils prononcés que déjà la porte cédait sous les coups des assaillans, parmi lesquels Jacques et Simon étaient toujours au premier rang. Ce fut le sabre de Cloquet qui acheva de briser la serrure, et la foule, comme un torrent, se préci-

pita dans l'escalier étroit et rapide qui
conduisait au souterrain, dans lequel
régnait l'obscurité la plus profonde.
On marche à tâtons; les fusils sont
trouvés. Les premiers pourvus essaient
de revenir sur leurs pas; mais la foule,
grossissant à chaque instant, se préci-
pitait avec plus de violence que jamais:
il eût été plus facile de se faire jour à
travers un mur d'airain. En un instant
le caveau est plein, et trois mille personnes se pouussct, s'écrasent pour y
pénétrer sans qu'une seule en puisse
sortir. En vain Jacques tonnait, jurait
de manière à faire retentir les voûtes;
ses cris, ses imprécations ne peuvent
dominer le tumulte. Des hommes sont
écrasés sur les murs humides du ca-

veau ; d'autres, parvenus à se baisser
pour ramasser une arme, sont foulés
aux pieds et ne doivent jamais se relever. Bientôt la chaleur devient insup-
portable, l'air manque, les plus faibles
meurent asphyxiés.

— Faudra-t-y crever dans ce nid à
rats! s'écrie Cloquet. Sacré mille chiens!
nous aurions fait une si belle musique
avec ces flûtes-là!

— Repoussons la force par la force!
dit Simon.

—Tu parles comme un livre, cadet...
Eh! vous autres, près de l'escalier, jouez
d' la lardoire, et en avant!

L'expédient réussit; la colonne des-

cendante recula devant les baïonnettes,
et trois mille hommes armés sortirent
de l'Hôtel.

— Ah! disait Simon en serrant con-
vulsivement son fusil, je pourrai donc
me venger!

II.

II.

Les héros de la Bastille. — Laisse bouillir le mouton. — Une nuit au cabaret.

Le tambour bat, le canon tonne, la Bastille est investie. C'est aujourd'hui que commence la guerre des peuples contre les rois, des opprimés contre les oppresseurs, des travailleurs sans pain contre les oisifs gorgés d'or; guerre sanglante, guerre d'extermination qui ne doit finir que lorsque le mot *roi* ne sera plus qu'un vain son.

Le peuple, écrasé d'abord par la mitraille que vomit le canon des tours, se retranche dans les maisons environnantes; les plus intrépides des assaillans combattent seuls à découvert. Parmi ces derniers Jacques et Simon se font remarquer. Cependant le combat se prolonge, les assiégeans n'ont pas de canons, et ils commencent à se persuader que sans artillerie la forteresse est imprenable. Déjà leur ardeur commence à se ralentir, le feu est moins vif. Tout à coup une nouvelle circule et donne du courage aux plus timides; les gardes-françaises font cause commune avec le peuple ; ils avancent, les voici!... et au bruit de la fusillade se mêlent les cris de *vive les gardes-françaises!* Simon seul ne crie pas, et pourtant cet événement lui cause une secrète joie : il va se trouver parmi les gardes-françaises ; peut-être y trouvera-t-il le comte de Kerkalec; il le verra, le regardera en face... et il tient un fusil, un bon fusil dont le canon est brûlant et la baïonnette noircie!... Un éclair de joie brille sur son visage, il déchire ses cartouches avec plus de volupté.

Une heure s'écoule encore; on se bat avec fureur... Les chaînes du pont-levis sont brisées; la lourde machine tombe avec fracas; sa chute écrase, renverse, précipite dans le fossé les citoyens intrépides qui se sont avancés les premiers: d'autres les suivent, pénètrent dans la forteresse; Simon est parmi eux. Tout semble fini, seulement quelques détonnations isolées se font encore entendre; quelques soldats refusent de se rendre et se battent sans autre espoir que celui de mourir les armes à la main. Simon parcourt les différentes parties de cette forteresse, il aide à briser les portes des cachots; mais enfin la fatigue l'accable, il sent la nécessité de prendre un peu de repos et

se dispose à sortir. Pendant qu'il tra-
verse l'une des cours, des cris se font
entendre ; il se retourne et aperçoit un
officier se défendant contre deux soldats, il s'élance : cet officier, c'est
l'homme qu'il a cherché, c'est le comte
de Kerkalec!..... Simon bondit, fond
comme un lion sur les deux soldats, qui
tombent percés de dix coups de baïonnettes.

— Oh! maintenant, s'écrie-t-il en
couchant en joue le capitaine, maintenant, tu es à moi, tu es ma proie!.....
Regarde-moi, comte de Kerkalec.....
oui, oui, c'est bien moi, tu ne te
trompes pas ; c'est Simon, le garçon
d'auberge de la Croix-Blanche !... Si-

mon, hier ton valet, et aujourd'hui ton maître, Simon qui a soif de ton sang et auquel tu n'échapperas pas!... Ne détourne donc pas les yeux; tu n'es pas encore à ton dernier moment; je ne veux pas te tuer si vite... Oh! comte de Kerkalec, tu paieras cher l'avantage d'avoir été le rival préféré de Simon!... A genoux, coquin! demande pardon à ton maître... Mon ami, tu as tort de te faire tirer l'oreille; l'obéissance est la vertu du soldat... A genoux, vaillant capitaine qui fais, dans une chambre de jeune fille, un si noble usage de ton épée!

—Tue-moi donc, misérable! s'écria l'officier.

— Cela viendra, comte; mais avant je veux être obéi... S'il le faut, pourtant, je ne suis pas homme à ménager l'éperon.

Et en parlant ainsi il sondait avec la pointe de sa baïonnette les côtes du capitaine, qui, appuyé contre la muraille, attendait à chaque instant le coup qui devait l'empêcher de souffrir; mais Simon, loin de se hâter, semble se repaître de l'agonie de son ennemi.

En ce moment plusieurs soldats arrivent dans la cour... — C'est le capitaine! crie l'un d'eux. Simon se retourne, et voyant sa proie prête à lui échapper, il lâche la détente de son fusil; l'amorce brûle, mais le coup ne part pas. Simon est assailli, désarmé; dix sabres sont levés sur sa tête.

— C'est un patriote! bas les armes! s'écrie d'une voix de tonnerre Cloquet, qui depuis une heure cherchait son compagnon. Chiens de culs-bleux! continue-t-il en déchirant sa dernière cartouche, le premier qui tape, je lui brûle la cervelle!... Ah! tas de tourne-à-gauche! je vous ferai prendre des vessies pour des lanternes!

— Il voulait tuer le capitaine.

— Capitaine qui? sacredieu!... où c' qu'il est c' capitaine?

— Le voici : le comte Kerkalec.

— Comment, cadet, tu veux tuer

des comtes, toi? c'est pas encore l'
quart d'heure, mon garçon; mais, pa-
tience, laisse bouillir l' mouton, et l'
jour viendra où c' qu'on pourra s' ré-
galer d' marquis, d' comtesses et d' ducs
et pairs... Y a pas d' mal d'être friant,
mais faut pas cracher dans l' plat.....
En attendant, viens boire un coup ; tu
l'as pas volé ni moi non plus.

En parlant ainsi, il saisit Simon par
le collet et veut l'entraîner ; mais les
soldats ne paraissent pas disposés à lâcher leur prisonnier.

— Capitaine! crie Jacques, j'ai là,
à deux pas, cinquante lapins tout prêts
à tord'e l' cou au père éternel pour peu
qu' ça m' fasse plaisir : si tu n' lâches

pas c' bon garçon-là, j' te vas faire voir d' quel pied y s' mouchent.

Le comte était incapable de prononcer un mot; la colère, la honte et la douleur semblaient avoir anéanti toutes ses facultés; cependant il fit un signe à ses soldats, et nos deux héros sortirent de la Bastille : quelques instans après ils étaient dans un cabaret de la rue Saint-Paul.

Depuis plus de vingt-quatre heures Simon n'avait rien mangé; à peine avait-il pris un peu de repos sur une pierre pendant la nuit : il était blessé, meurtri, accablé. Dès qu'il fut assis, un profond sommeil s'empara de lui. Cloquet, plus robuste, but pour deux, mangea pour quatre; puis, quand il eut fini, ce qui arriva au bout d'une heure, il se leva, et frappant sur l'épaule de son jeune compagnon :

— Allons, cadet, enroute! va dormir chez toi, et garde bien ton fusil : il n'y a pas d'bonne fête sans lendemain....

Mais ce fut en vain qu'il frappa de nouveau sur l'épaule de Simon, qu'il lui souleva la tête et lui jeta de l'eau au visage; le pauvre garçon ronflait à faire trembler les vitres, et la maison se fût écroulée sans le réveiller.

— On voit bien qu' celui-là a fait sa journée, reprit Jacques; faut conv'nir,

tout d' même, qu' c'est un lapin qui n'
boude pas... Ma foi, puisqu'il est bien
ici, qu'il y reste.

Il partit; plusieurs heures s'écoulèrent, et Simon continua à dormir : ce
ne fut que vers minuit qu'un bruit confus de cris et des coups redoublés
frappés sur les contre-vents du cabaret le réveillèrent.

— Au secours! à l'assassin! criait-on
dans la rue; ouvrez, je vous prie, ouvrez vite, ou je suis mort!... ouvrez, ne
craignez rien !

Mais le maître de la maison, tremblant et mourant de peur, s'évertuait
au contraire à barricader sa porte.

— Ouvrez, dit Simon en se frottant les yeux, ouvrez : j'ai encore six cartouches....

—Eh bien! quoi? laisserez-vous assassiner un homme que vous pouvez secourir?.... je ne le souffrirai pas, moi.

Saisissant son fusil, il s'avance vers la porte, fait jouer la serrure, tire les verroux, et livre passage à un homme jeune encore, très-bien couvert, et dont le ton et le langage annonçaient l'habitude du grand monde.

— Jeune homme, dit-il à Simon, je vous dois la vie, et je ne l'oublierai jamais. Ma maison, située près de la Bastille, est, depuis la fin du combat,

envahie par une bande de misérables
qui, après avoir tout pillé, ont découvert ma retraite; je suis parvenu à leur
échapper en escaladant le mur du jar-
din; mais ils me suivaient de près; j'ai
aperçu de la lumière ici; il était temps!
Si vous aviez tardé quelques minutes
encore à me recevoir, c'était fait de
moi..... Tenez, les voici!....

Il achevait à peine que des cris, des
hurlemens se firent entendre :

— A bas l'aristocrate! à la lanterne!
à mort!

— Les voici! éteignez la lumière,
dit le nouveau venu.

On suivit ce conseil, et bientôt le

calme se rétablit dans la maison et aux environs. Le reste de la nuit se passa assez tranquillement; personne néanmoins ne dormit. On vida, pour passer le temps, quelques bouteilles dont le cabaretier prit sa part, et que l'homme auquel il avait en quelque sorte donné l'hospitalité malgré lui paya généreusement. On parla peu; le nouveau venu ne paraissait pas communicatif: cependant, un peu avant que le jour parût, il prit Simon à l'écart.

— Vous m'avez sauvé la vie, lui dit-il, aidez-moi à la conserver. Si je sors d'ici pendant la nuit, je serai infailliblement arrêté par les patrouilles, et dans ce cas je suis perdu, car je suis

parent de l'infortuné gouverneur de la
Bastille, et l'on m'accuse d'avoir tiré
sur le peuple, ce qui est faux. Si, au contraire, j'attends le jour, ma perte n'est
pas moins assurée, car je suis géné-
ralement connu dans ce quartier. Un
déguisement peut seul me sauver; je
vous supplie de vouloir bien échanger
vos vêtemens contre les miens.

— Rien de plus facile; mais je vous
avertis que vous perdrez terriblement
au change.

Aussitôt Simon quitta sa veste de
toile bleue, sa calotte de même étoffe,
ses bas chinés, et jusqu'au tablier de
cuisine dont il s'était fait un ceinturon;
puis il remplaça tout cela par une cu-

lotte de soie noire, un habit à la dernière mode, et des manchettes en dentelles qui ne laissaient pas de contras-
ter singulièrement avec ses mains noi-
res et caleuses, et en guise de tablier
il ceignit une épée richement montée.
Le jour commençait à poindre quand
tout cela fut terminé, et presque aussitôt chacun s'en alla de son côté, le parent du gouverneur très-content du
marché qu'il avait fait, et Simon un
peu embarrassé dans cet accoutrement
nouveau pour lui, et ne sachant pas le
moins du monde ce qu'il allait faire de
sa personne ; car de l'auberge de la
Croix-Blanche il n'en voulait plus entendre parler, et sa mère habitait une
petite ville à trente lieues de Paris. Un

instant il pensa à Rosine, mais ce fut
pour la maudire et jurer de ne la revoir
jamais. Cependant le pauvre garçon ne
pouvait marcher long-temps; sa fatigue
était telle qu'il était obligé, à chaque
instant, de chercher un point d'appui
contre les murailles. Deux blessures
légères qu'il avait reçues le faisaient
aussi beaucoup souffrir; une fièvre
violente ne tarda pas à s'emparer de lui.
Pour comble de malheur, pas un lieu
public n'était ouvert. Une heure s'é-
coule, et Simon marche encore; mais
bientôt l'accès de fièvre diminue et
emporte le peu de forces qui lui res-
taient. Pourtant il ne se décourage
pas et fait un dernier effort pour arriver chez un de ses amis dont quel-

ques centaines de pas le séparent encore ; mais, à peine au quart de ce
trajet, il tombe épuisé et perd connaissance.

III.

III.

La comtesse et le chevalier. — Comment vient
l'amour.

— Ça n'est pas possible, je rêve, se
disait Simon.

Puis il se frottait les yeux et regar-
dait de nouveau autour de lui.

— C'est inconcevable, reprit-il après s'être bien assuré qu'il ne dormait pas, je m'y perds. Je me rappelle parfaitement ce qui m'est arrivé hier, ce matin même : mais comment se fait-il que je sois dans un excellent lit entouré de doubles rideaux de mousseline et de soie, et puis des tapis, des lambris dorés, des meubles somptueux?... c'est une véritable féerie..... Voyons un peu si je trouverai le mot de l'énigme.

Il fit alors un mouvement pour se lever ; mais, à peine sur son séant, il fut obligé de se laisser retomber sur l'oreiller, et la douleur qu'il ressentit lui arracha un gémissement. Au même

instant parut une espèce de garde-
malade.

— Obligez-moi de m'apprendre où
je suis, dit Simon.

— Soyez tranquille, monsieur, vous
êtes en sûreté.

— J'en suis bien persuadé , mais.....

— Ah ! monsieur, dans quel état ces
coquins là vous ont mis ! madame la
comtesse en pleurait, et le médecin a
eu beaucoup de peine à la rassurer.

— Ah! diable! pensa Simon, il paraît que je suis chez une comtesse. Je
voyais bien qu'il y avait quelque chose
comme ça; mais comment y suis-je

venu, et quelles raisons peuvent enga-
ger une comtesse à me traiter de la
sorte, moi qui déteste si cordialement
les comtes, comtesses, marquis, etc.,
et toute cette race exécrable qui pos-
sède, sans avoir rien fait pour posсé-
der, dont nous sommes, nous autres
misérables travailleurs, les laquais ou
plutôt les esclaves, et qui paient par
le mépris et l'outrage les biens dont
nous les gorgeons?

Puis, faisant trève à ses réflexions,
il dit à la garde :

—Madame la comtesse est bien
bonne; je vous prie de lui dire que je
conserverai de ses procédés une reconnaissance éternelle..... Recueillir,

traiter comme son fils un inconnu.....

— Oh! pardonnez-moi, monsieur le chevalier; madame la comtesse vous...

— Comment, chevalier! et depuis quand, s'il vous plaît?... Est-ce que, par hasard, j'aurais dormi aussi long-temps qu'Épiménide?...

Et Simon recommença de plus belle à se frotter les yeux.

— Ne craignez rien, monsieur; tout le monde pense bien ici; il n'y a per-sonne capable de vous dénoncer.

— Me dénoncer comme quoi?

— Oh! pardieu! nous savons bien

tous que ça n'est pas vrai ; mais, à cause de votre famille, vous sentez bien...

— Décidément, ma chère dame, l'un de nous deux est fou ; et, ma foi, je ne suis pas éloigné de croire que c'est moi.

— Dam ! ce n'est pas étonnant, on deviendrait fou à moins..... Pauvre jeune homme !

— Voyons, récapitulons, et tâchez de m'aider à mettre un peu d'ordre dans mes idées. Vous dites que je suis chevalier ?...

— Oui, monsieur ; le chevalier de Vernilli.

— Le diable m'emporte si je m'en

doutais! il serait pourtant un peu fort
que j'eusse oublié mon nom!... conti-
nuons; moi, chevalier de Vernilli, je
suis en ce moment chez une comtesse!

— Madame la comtesse de Saint-Alvar, une bien estimable dame qui ne
peut pas se consoler de la perte de son
mari... Il est vrai qu'à vingt-trois ans
c'est un peu dure...

— Madame la comtesse est veuve?

— Hélas! oui. Pauvre jeune femme!

— Et vous m'assurez que j'ai l'honneur d'être connu d'elle?

— C'est-à-dire, d'abord elle ne vous
connaissait pas, ce qui ne l'a pas em-

pêchée de vous faire ¡transporter ici;
car on voyait bien que vous étiez un
quelqu'un comme il faut....

— Eh! où diable voyait-on cela?

— Dam! on le voyait où ça se voit
ordinairement : d'abord votre air noble.... ces choses-là sautent aux yeux
tout de suite; et puis des manchettes
de dentelles... le teint pâle.... une culotte de soie, et une bourse dans le
gousset.

— Il y avait une bourse....

— Oui, monsieur, et bien garnie, à
ce qu'il paraît : tenez, la voici...

—Ah! je commence à comprendre.

— Ça revient, n'est-ce pas?... j'en était bien sûre.... Voici encore votre portefeuille; ce sont les papiers qu'il contient qui vous ont fait connaître...

— Maintenant, je comprends tout à fait.

— Preuve que ça va mieux : madame en sera enchantée ; je vais lui annoncer cette bonne nouvelle.

— Que vais-je faire? pensa Simon quand il fut seul. Je n'ai pas de parens à Paris, et si j'ai quelques amis ils sont plus pauvres que moi. Cependant je suis malade, incapable, je le sens, de quitter le lit, et puis on est horriblement mal à l'hôpital, et je suis si bien ici!... Il est peut-être mal d'y rester sous un nom qui n'est pas le mien..... Pourtant, tout bien considéré, si je ne suis pas le chevalier de Vernilli, je le vaux bien; si mes habits lui ont été si utiles, pourquoi les siens ne me serviraient-ils pas? n'est-il pas juste, quand on supporte les charges, de jouir aussi des bénéfices? Garçon d'auberge, on me jetterait à la porte sans hésiter; noble, on m'accablera de soins, de prévenances, etc., etc. Allons, il n'y a pas à hésiter.

Simon avait à peine pris cette détermination lorsque la garde entra.

— Monsieur, lui dit-elle, madame la comtesse est enchantée de vous savoir mieux, et elle vous prie de vous regarder ici comme chez vous.... Pauvre jeune femme ! elle avait bien envie de s'assurer par elle-même.... mais les convenances.... se présenter dans la chambre d'un jeune homme qui est au lit.... Ce n'est pas que, en pareille circonstance, et, comme dit madame, à cause de l'importance des événemens... et puis madame est libre, parfaitement libre, et si monsieur le chevalier n'était pas obligé de garder le lit...

— Oh! qu'à cela ne tienne !.... je vais m'habiller... Aye! aye !... ma chère dame, aidez-moi un peu, je vous prie.

— Mais, monsieur, si cela allait vous être contraire ; vous...

— Impossible, ma chère dame, impossible ! Comment diable voulez-vous que la vue d'une femme charmante.... car je suis sûr que madame la comtesse est charmante.... Diable de culotte ! je ne pourrai jamais entrer dedans.... Et puis elle est jeune.... Lâchez la ceinture, je vous prie.... Et veuve par-dessus le marché.... Il y a de quoi faire sauter les boutons ; je ne m'en étais pas aperçu d'abord.

En parlant ainsi, Simon, avec l'aide de sa garde, s'habillait tant bien que mal, faisant par-ci par-là quelques grimaces qui lui étaient arrachées par la douleur ; car, indépendamment des légères blessures qu'il avait reçues, la

fatigue inouie qu'il avait éprouvée avait
déterminé une courbature excessive-
ment violente. Enfin il parvint à sortir du lit et à se placer dans un
fauteuil, après quoi la bonne femme
courut dire à sa maîtresse que monsieur le chevalier désirait ardemment
avoir l'honneur de lui présenter ses
respectueux hommages et lui témoi-
gner sa reconnaissance; mais que, ne
pouvant marcher, il suppliait madame
la comtesse de vouloir bien l'honorer
de sa présence.

— Mais tu n'y penses pas, ma bonne
Brigitte, dit la comtesse; un jeune
homme que je n'ai jamais vu... lui faire
visite dans sa chambre...

— Ah! madame, si vous saviez quel bien ça lui ferait!... D'ailleurs, c'est un acte de charité.... Visiter les malades, racheter les prisonniers.... Et puis, madame la comtesse est chez elle; elle y reçoit qui bon lui semble et se comporte comme elle l'entend; personne n'a le droit d'y trouver à redire. D'ailleurs, qui est-ce qui le saura? moi seule, et madame sait bien que, dans mon état, la discrétion est de rigueur.

— Tu dis donc que le chevalier est levé?

— Oui, madame... Dieu! le beau cavalier! les cheveux noirs, de grands yeux bleus, et l'air distingué.... Quel dommage si ces gueux de faubouriens

l'avaient tué!... Pour ça, il peut se vanter de l'avoir échappé belle!...

— Au fait, je commence à croire
que tu as raison, et il est certain que,
dans des circonstances aussi critiques...

— Il est clair que, sans vous, le
pauvre jeune homme serait mort maintenant, et on peut dire qu'il vous doit
une fameuse chandelle! mais, il faut être
juste, ça ma l'air d'un quelqu'un en
état de payer ses dettes.

Brigitte parla encore quelque temps,
mais la belle veuve ne l'écoutait plus.
Debout, devant une glace, elle rajus-
tait sa coiffure, souriait et rougissait
tout à la fois ; puis elle faisait quelques

pas vers la porte de son appartement, revenait vers la glace, allait et revenait encore, tourmentée par la crainte de manquer aux convenances et le désir de voir le jeune homme qu'elle avait si généreusement recueilli. De son côté, Simon n'était pas fort à l'aise; le pauvre garçon semblait avoir entièrement oublié la haine dont, vingt-quatre heures auparavant, il avait été animé contre cette caste qu'on appelle *gens comme il faut*. Peut-être la présence d'un prince ne l'eût-elle pas intimidé; mais il s'agissait d'une jeune femme, d'une jolie veuve de vingt-trois ans : de plus sages que Simon ont perdu la tête pour moins que cela. Pourtant il parvint bientôt à prendre un peu d'assurance.

— Après tout, se dit-il, il en résul-
tera ce qu'il pourra. Il s'agit seulement de ne pas oublier que je suis le
chevalier de Vernilli... Au fait, il est
possible que je sois obligé de rester ici
plusieurs jours, et il serait fort en-
nuyeux de n'avoir pour société que
cette garde vieille, laide et bavarde....
autant vaudrait le régime de la Croix-
Blanche.

Comme il achevait ces réflexions, la
porte de sa chambre s'ouvrit, et Brigitte annonça la comtesse, qui parut
presque aussitôt. Simon fit un effort
pour se lever, mais la douleur qu'il
ressentit le força à rester dans son fauteuil, et, à son grand regret, il ne ré-

pondit que par une laide grimace à la révérence de la jolie veuve.

— Je me rends à votre invitation, monsieur, dit la comtesse; cela n'est pas très-régulier peut-être, mais on assure qu'il est dangereux de refuser quelque chose à un malade, et de deux maux j'ai choisi le moindre.

Et la charmante comtesse, qui n'osait lever les yeux, devint rouge comme une cerise; ce qui, loin de rassurer le jeune homme, acheva de lui faire perdre la tête.

— Madame, vos généreux procédés,.. croyez que ma reconnaissance...

— Mon Dieu! monsieur le chevalier, s'écria Brigitte, vous changez de couleur!.... vous sentiriez-vous plus mal?... Parlez peu, je vous en prie; le médecin l'a recommandé.

En effet, les efforts que Simon faisait depuis une demi-heure l'avaient épuisé; au premier mot de sa jolie visiteuse il avait senti son sang refluer vers le cœur, et peu s'en fallut qu'il ne perdît connaissance. Brigitte s'empressa de lui soutenir la tête, tandis que Mme de Saint-Almar, tirant précipitamment de son sac un flacon de sels, le fit respirer à son jeune hôte.

— Ah! monsieur, disait-elle, combien je me repens d'avoir consenti!....

c'est moi qui suis cause de cela... Maudite Brigitte!...

Et voyant que Simon rouvrait les yeux et qu'un léger incarnat reparaissait sur ses joues, elle voulut se retirer; mais le jeune homme, saisissant une de ses mains, la pressa sur ses lèvres, et quoiqu'il fût bien faible encore, la belle veuve ne se sentit pas la force de lui faire lâcher prise.

— Oh! restez, restez! dit Simon à demi-voix; je donnerais dix ans de ma vie pour ce seul instant!

— Voici la parole qui lui revient, reprit Brigitte; ça ne sera rien.

Et la comtesse, tremblante, un peu

confuse, était appuyée sur le dos du
fauteuil occupé par le malade, dont les
regards, à plusieurs reprises, rencon-
trèrent ceux de sa charmante hôtesse;
et il y avait dans ces regards pour vingt
ans de souvenirs!

La visite fut longue, très-longue, ce
qui n'empêcha pas les intéressés de la
trouver beaucoup trop courte. On
promit de se revoir le lendemain, et
l'on tint parole. Cette fois, moins de
timidité et plus de plaisir; on se revit
presque comme d'anciennes connais-
sances. A la vérité, le cœur de Simon
battit encore bien fort, et la jolie comtesse rougit presque autant que la première fois; mais la conversation s'en-

gagea plus facilement, on se regarda
avec moins de contrainte, et, en pareil
cas, les yeux jouent un bien grand rôle.
D'abord Brigitte resta dans la chambre
de son malade ; mais la bonne fille avait
trop de savoir-vivre pour ne pas sentir
que sa présence était au moins inutile,
et elle se retira si adroitement qu'on ne
s'en aperçut pas.

Simon semblait avoir oublié tous les
maux qu'il avait soufferts ; il voyait tout
sous un jour nouveau, il semblait que
le monde fût changé, que la société fût
devenue bonne, compatissante et juste.
L'amour, qui venait de faire irruption
dans le cœur du jeune homme, n'y lais-
sait plus de place pour la haine ; et

comment en eût-il été autrement? non-
seulement Simon aimait, mais il avait
la douce certitude d'être aimé. Une
pensée seule le tourmentait : sa mala-
die était légère, la guérison devait être
prompte, et la fin de sa convalescence
devait naturellement faire cesser son
séjour dans cette maison où il avait
trouvé le bonheur.

— Ah! madame, dit-il un jour à la
belle veuve, quels regrets vos bontés
me préparent, et que je hais cette santé
qui me revient si vite!

— Que voulez-vous dire?

— Que bientôt je serai forcé de m'é-
loigner d'ici; et qui sait si...

— Y pensez-vous, chevalier?.Quoi!
vous voudriez...

— Ce que je voudrais, ce serait ne
jamais être séparé de vous, de vous
qui me faites aimer la vie et qui m'avez
réconcilié avec l'humanité!

— Mais où trouverez-vous un asile
plus sûr?... attendez au moins que l'ho-
rizon politique s'éclaircisse. Ici, vous
n'avez absolument rien à craindre : j'ai
des parens, des amis dans le parti révolutionnaire; mon frère lui-même a
contribué à la victoire du peuple, le
14 juillet; je n'aurai qu'un mot à dire, et
sa protection vous sera assurée... Restez, je vous en conjure!

Pendant qu'elle parlait, ses mains se joignirent et de grosses larmes coulèrent sur son visage céleste : Simon n'y put tenir.

— Ah! madame, s'écria-t-il en se jetant à ses genoux, vous ne savez pas, vous ne pouvez savoir!.... Je ne suis pas...

Il s'arrêta tout à coup, comme épuisé par l'effort qu'il venait de faire, et, appuyant sa tête sur les genoux de la jolie comtesse, il essaya de mettre un peu d'ordre dans ses idées. — Si elle allait cesser de m'aimer, me mépriser! pensa-t-il. Et cela suffit pour qu'il gardât le secret prêt à lui échapper.

— Que vous êtes enfant, chevalier!
dit la jeune veuve en passant ses jolis
doigts dans la chevelure de Simon.
Allons, levez-vous, monsieur... je le
dirai au docteur... Mon ami, je vous
en prie.

Il y avait dans cette prière de quoi
clouer Simon sur le parquet pendant
l'éternité ; et cependant, une heure
après, lorsqu'il fit nuit et que Brigitte
apporta de la lumière, le jeune homme
n'était plus à genoux.

—Allons, allons, dit la vieille garde
quand la comtesse fut partie, il paraît
que ça va de mieux en mieux... Oh! je
savais bien, moi, que ça ne pouvait

pas vous faire de mal.... Elle est si bonne, madame la comtesse!

— Et si jolie! ajouta Simon.

— Mais, monsieur, il ne faut pas faire de folies ; vous devez être fatigué.

Le jeune homme se mit au lit, mais il dormit bien peu pendant cette nuit : il était si heureux!

IV.

Fâcheuse rencontre. — Rupture, désespoir.

Les jours s'écoulaient rapidement ;
Simon était en pleine convalescence.
Heureux près de sa charmante hôtesse,
il avait pris le parti de jouir du présent
sans s'inquiéter de l'avenir.

— Chevalier, dit un jour madame
de Saint-Alvar, c'est aujourd'hui que
je veux célébrer votre retour à la santé;
j'ai quelques amis à dîner qui seront
enchantés de faire votre connaissance.

— Y pensez-vous? me montrer dans
une réunion... faire connaître ma retraite !... Je suis si heureux de n'avoir
que vous pour confidente !...

—Rassurez-vous, enfant : est-ce que
vous pouvez craindre quelque chose
ici? pensez-vous que je voulusse vous
exposer au moindre danger ; moi qui
suis si heureuse de vous avoir arraché
aux mains de vos ennemis?.. Chevalier, cela n'est pas bien... finissez, enfant!... Non, monsieur, je ne vous par-

donne pas... Prenez garde, mon ami, on peut nous entendre... Vous viendrez, n'est-ce pas?... nous serons en petit comité. Mon frère m'a promis de venir, et sa présence seule suffirait pour éloigner tout danger : l'un des vainqueurs de la Bastille, c'est tout dire. Il ne refusera certainement pas de vous prendre sous sa protection, et vous n'aurez désormais rien à craindre...

Il n'y avait pas moyen de refuser, et cependant il s'en fallait de beaucoup que Simon fût tranquille. Il avait, comme on sait, les meilleures raisons du monde pour garder l'incognito, et il redoutait fort les conséquences présumables de sa présentation aux amis de sa charmante hôtesse. Le chevalier de Vernilli pouvait être connu personnellement de quelqu'un d'entre eux, et, dans ce cas, quel scandale pouvait résulter de l'usurpation de titre et de nom dont il serait convaincu!... Il n'y avait qu'un moyen d'éviter tout danger, c'était de quitter précipitamment, sous quelque prétexte, la maison de madame de Saint-Alvar; mais cesser de voir la jolie veuve, n'était-ce pas de tous les maux choisir le pire? Simon se sentit incapable d'une résolution si violente, et il se berça de l'espérance de se tirer, avec un peu de présence d'esprit, de ce pas difficile. Sans doute il était impossible que la vérité ne se dé-

couvrît pas plus tard ; mais qu'importe
l'avenir à un amant heureux?... Il pouvait, d'ailleurs, se présenter d'un moment à l'autre une circonstance favo-
ble pour faire connaître la vérité à
sa belle amie, et, le cas échéant, il se
promettait bien d'en profiter. La nuit
vint, et le pauvre garçon s'endormit
bercé par les plus douces et aussi les
plus sottes espérances.

Grâce à la bourse bien garnie qui
s'était trouvée dans la culotte de soie
du chevalier, Simon avait pu se procurer le linge et tous les effets néces-
saires au rôle qu'il avait joué jusqu'a-
lors avec tant de bonheur, et qu'il
avait résolu de soutenir dans cette cir-

constance. Vers le milieu du jour, tous
ses préparatifs étaient terminés, et, bien
persuadé que, sous cette enveloppe
élégante, personne ne soupçonnerait
le garçon d'auberge, il se sentit tout à
fait rassuré. Il assista à la toilette de la
jolie veuve, ce qui acheva de dissiper
le nuage qui s'était élevé dans son âme,
et ce fut escorté de sa belle protec-
trice qu'il se rendit dans le salon, où
déjà la plupart des invités étaient réunis. Le prétendu chevalier fut succes-
sivement présenté à tout le monde; il
répondit sans trop d'embarras, salua
avec assez de grâce. Les hommes, néanmoins, le trouvèrent un peu gauche;
mais les femmes admirèrent son beau
visage, ses grands yeux si expressifs,

son front si large, etc., etc. Car, entre
nous, lecteurs, je ne saurais vous dire
ce qu'elles ne regardèrent pas, e t il
n'est pas aisé de dire tout ce qu'elles
regardèrent : ce n'est pas d'aujourd'hui
que les femmes sont curieuses, et le
plus intrépide conteur a quelquefois
besoin de réticences. Quoi qu'il en soit,
les dames en question ne tardèrent à
trouver tout naturel l'intérêt que le
jeune homme avait inspiré à la belle
veuve : elles pardonnèrent l'effet en
faveur de la cause.

Jusque-là tout allait bien; encore
quelques instans , et l'heure de se
mettre à table allait sonner... Simon
croyait n'avoir plus rien à craindre,

lorsque tout à coup la porte du salon s'ouvrit, et avant que le domestique eût eu le temps d'annoncer le nouveau venu, la comtesse s'élança vers lui en s'écriant : C'est mon frère!... puis, saisissant ce frère par la main, elle l'entraîna rapidement vers Simon.

— Chevalier, dit-elle à ce dernier, j'ai l'honneur de vous présenter mon frère, le comte de....

Elle n'eut pas le temps d'achever : à peine le nouveau venu eut-il aperçu le protégé de sa sœur, qu'il recula de deux pas; un mouvement convulsif agita tout son corps, il mit brusquement la main sur la garde de son épée.

De son côté, Simon pâlit; ses cheveux
se hérissèrent : il avait reconnu le capitaine de Kerkalec.

— Que signifie cette ignoble comé-
die? s'écria le comte... Un misérable
laquais, un valet d'auberge!... Oh! cette
fois, maraud! tu n'éviteras pas la cor-
rection que mérite ton impudence!

— Au nom de Dieu! mon cher
frère, remettez-vous!... Cette erreur est
inconcevable!... De grâce, monsieur
le chevalier...

— Taisez-vous, madame! vous de-
vriez mourir de honte!.. Un laquais!
un laquais!

— Oui, oui, comte, tu dis vrai; je

suis bien Simon; Simon, le garçon de
la Croix-Blanche; Simon qui donnerait
la moitié de sa vie pour voir couler la
dernière goutte de ton sang, et rendre
au néant ton âme de boue... si tu as
une âme, comte de Kerkalec!...

Le capitaine, hors de lui, se précipite, l'épée à la main, sur son ennemi;
mais Simon aussi porte une épée, et,
à défaut d'adresse, la rage et le désespoir peuvent rendre la partie égale.
Les fers se croisent, la comtesse s'é-
vanouit; presque au même instant
plusieurs personnes séparent les com-
battans et parviennent à entraîner le
comte dans une pièce voisine. C'est
alors que Simon reconnaît toute l'é-

tendue de son malheur : non-seulement
il faut, après un tel éclat, qu'il quitte
cette maison; mais la jolie veuve pourra-
t-elle aimer encore le plus implacable
ennemi de son frère? un homme de
rien, moins que rien, un ex-valet?...
Toutes ces pensées se pressent, se
heurtent dans le cerveau du pauvre
garçon; sa colère s'éteint, de grosses
larmes roulent sous ses paupières, ce
n'est plus qu'un faible et timide enfant.
A genoux près de sa belle amie, il
l'appelle des noms les plus tendres, la
supplie, la conjure de lui parler, de
lui dire qu'elle pardonne; il lui prend
les mains, qu'il couvre à la fois de larmes et de baisers. Au bout de quelques
minutes, la comtesse ouvre les yeux

regarde autour d'elle, et cherche à rassembler ses souvenirs ; puis, se tournant vers Simon, elle jette un cri d'effroi et dégage brusquement ses mains de celles du jeune homme.

— Oh ! sans doute, je suis coupable, dit ce dernier ; mais je craignais tant d'être séparé de vous !

— Retirez-vous, misérable !... sortez, sortez !... Un valet d'auberge !... l'infâme !... me déshonorer ! souiller ma maison !... me couvrir de ridicule et de honte !... Sortez, sortez !... Qu'on chasse ce monstre !... sa présence me tue !...

Et détournant la tête avec horreur, elle repousse du pied le malheureux

Simon, qui se relève tout à coup. Ce
ne sont plus des pleurs, ce sont des
éclairs qui s'échappent des yeux du
jeune homme.

— Maintenant, s'écrie-t-il, le dernier
fil est rompu!... Guerre, guerre à mort
à cette caste insolente, stupide et bar-
bare!... J'aurais eu tant de plaisir à
faire le bien!... Peut-être eussé-je été
digne du ciel, et ils me poussent dans
l'enfer!... Eh bien! que leur volonté
s'accomplisse! alors nous serons égaux,
et je serai vengé!...

Il sortit brusquement, et marcha
pendant long-temps avant que le trouble et l'irritation de son esprit lui per-
missent de se faire un plan de con-

duite. Le jour allait finir, et il marchait
encore sans songer à chercher un gîte,
lorsqu'un homme qui l'examinait depuis quelques minutes vint lui frapper
sur l'épaule en s'écriant :

— Y paraît, cadet, que t'as pas gardé
tes mains dans tes poches au vis-à-vis
des grugeurs d' la nation...

C'était Jacques Cloquet, qui avait reconnu Simon, malgré son changement
de costume. A cette brusque apostro-
phe, le jeune homme s'arrêta et regarda avec surprise son interlocuteur.

— Eh ben! quoi donc? reprit Cloquet; on dirait qui tombe d' la lune...
T'as mis la main sur l' magot, y a pas

d' mal; et moi qui t' parle, j'ai pas fait l' faignant non plus... C'est vrai qu' j'ai pas attrapé d' manchettes et d' culottes de soie; mais tu peux voir qu'on est pourtant un peu r'tapé, sans compter qu'on a l' gousset un tantinet garni, à preuve que nous allons en boire une entre toi-z-et moi qui n' sera pas bête.

—Ah! c'est vous, monsieur Cloquet! je ne vous reconnaissais pas d'abord... C'est que je suis furieux, hors de moi... Haine, haine éternelle!... guerre à mort à ces infâmes!

— Eh ben! quoi que tu dis donc? Y a pus d' Bastille à faire danser; Foulon et les autres rogneux d' portion ont sauté l' pas... Pour le quart d'heure,

c'est pas mal d' se r'poser ; nous r'com-
mencerons plus tard... D'ailleurs, y en
a d'aucuns qui veillent au grain et qui
nous f'ra signe quand y s'ra temps de
r'travailler à l'égalité...

— Oui, oui, c'est l'égalité qu'il nous
faut! l'égalité ou la mort!...

— C'est ça, cadet! ça m' fait plaisir
d' voir qu' t' es pas en arrière d' ton
sièque, comme disent les autres... Ah!
dam! c'est des malins ceux-là!...

— Qui?... de quelles gens parlez-
vous?

— J' te vas conter la chose entre
deux chopines, et après ça y n' tiendra

qu'à toi d' faire leur connaissance et de
n' manquer de rien, d'autant plus que
t' as le maniement d' la parole d'une
manière à augmenter l' casuel d' la
chose.

Simon ne comprenait rien à ce langage, mais le ton mytérieux de Cloquet
lui fit désirer d'en obtenir une explication plus intelligible : cela, d'ailleurs,
faisait diversion à ses chagrins et à sa
colère. Il se laissa donc conduire au
cabaret, où Jacques ne tarda pas à se
montrer moins réservé.

— D'abord, mon garçon, tel que tu
m' vois, j' suis membre d' la société du
Cheval-Rouge, ousque nous nous ras-

semblons trois fois par semaine, à celle
fin de *régémérer* la nation...

— Oui, oui! il faut régénérer la
France... régénérer le monde entier!...

— Eh ben! v'là justement c' que nous
faisons au Cheval - Rouge. D'abord,
c'est des discours à fendre l' cœur et à
faire pleurer les pierres; après ça, y en
a qui couchent les questions sur l' papier, puis on va aux voix, et les aristocrates sont f....., toujours dans l'intérêt du peuple, bien entendu.

— Je comprends : vous êtes membre d'une société patriotique...

— Et bougrement patriotique, cadet!

— Et vous voulez bien me faire recevoir dans cette société?

— Voilà ! mais c'est pas tout. Faut t'
dire qu' y a là des particuliers joliment
nipés des pieds à la tête, avec des jau-
nets dans l' gousset, qui n' sont pas p'us
fiers que toi-z-et moi, et qui s'arrangent
d' manière que les autres qui ont bon
pied, bon œil, du cœur au ventre ou la
langue bien pendue, comme nous pour-
rions être tous les deux, reçoivent une
haute - paie suffisante aux nécessités...
En v'là des patriotes ! des vrais régé-
mérateurs !... A la santé d' la nation !...
Faut convenir, cadet, qu'y a rien d' tel
qu'un peuple souverain... S'il l'est pas
encore, ça viendra : le Cheval - Rouge

n'a qu'une voix là-dessus. A présent
que tu sais d' quoi y r'tourne, dis-moi
c' que t' en pense... Justement, la bou-
teille est vide et v'là huit heures qui
sonnent ; la séance va ouvrir : viens.

Simon ne fit pas la moindre objec-
tion ; il paya, suivit son ami Jacques,
et tous deux arrivèrent bientôt au Cheval-Rouge, où déjà les membres de la
société étaient réunis. Dans une salle
longue, étroite, et éclairée seulement
par deux chandelles, était une table
garnie de bouteilles, de verres, au milieu de laquelle se trouvaient un en-
crier et un cahier de papier gras, sur
lequel les pâtés d'encre semblaient disputer le terrain aux taches de vin ; c'é-

taient le bureau du président et le re-
gistre contenant le procès-verbal de
chaque séance. Une trentaine d'hommes et autant de femmes garnissaient
les bancs dont la salle était meublée :
les uns mangeaient des pommes et cas-
saient des noix, d'autres faisaient de la
politique à l'usage des faubourgs ; les
femmes tricottaient ; et M. le président,
flanqué de deux secrétaires, vidait avec
eux quelques bouteilles pour se mettre
en haleine. Ce président, après avoir
été caporal pendant dix ans dans le ré-
giment de la Reine, était devenu suisse
de Saint-Gervais, emploi qu'il avait
quitté depuis long-temps pour manger
plus convenablement un legs de quatre-
vingt mille francs que lui avait fait une

bonne âme de dévote qui toute sa vie avait beaucoup aimé les grand'messes et les beaux hommes ; ce personnage était devenu l'un des gros bonnets du quartier Saint-Antoine, et c'était à lui qu'on devait l'établissement de la société du Cheval-Rouge, ou du moins il était l'homme que les chefs du parti avaient poussé en avant.

A peine Cloquet et Simon eurent-ils pris place sur l'un des bancs, que le président, frappant sur un verre avec le tuyau de sa pipe, déclara la séance ouverte. Aussitôt Cloquet demande la parole, qui lui est accordée sans difficulté.

— Citoyens, dit-il, voici un compère

que vous auriez tort de juger sur l'é-
toffe; car vous sentez bien que si l'habit n' fait pas l' moine, y fait encore
moins l' patriote : c'est pourquoi j'ai
celui de vous dire que sous c' t'habit d'
marquis y n' faut pas d' lunettes pour
voir un chien fini qui pourra s' vanter,
avec votre permission, d'être un des
meilleurs lapins du Cheval - Rouge,
d'autant plus qu'il a brûlé plus d' cartouches pour la liberté que j' n'ai bu
d' chopines en huit jours ; et le citoyen
président peut dire si Cloquet est un
patriote à s' faire tirer l'oreille pour
l' ver l' coude !...

LE PRÉSIDENT.

C'est un fait prolifique que Cloquet

est un citoyen de pure race, patriote déterminé et indivisible... Citoyen patriote, comment te nommes-tu?

SIMON.

Je me nomme Simon, et je demande à faire partie de votre honorable société.

LE PRÉSIDENT.

Simon quoi?... Simon, tout court?

UNE FEMME.

C'est juste! l' citoyen président a raison; faut d'l'égalité... j' suis pour l'égalité... j' suis pour l'égalité... vive l'égalité!

UNE AUTRE FEMME.

T'as raison, la Mignard; vive l'égalité!...

TOUTES LES FEMMES ensemble.

Vive l'égalité! vive l'égalité! vive l'égalité!...

CLOQUET.

Sacredieu! tas d'femelles, allez-vous vous taire!... J'vous demande un peu qu'est-ce qui leur z'y a donné la parole?... Y s'nomme Simon, c'est un nom comme un autre; faudrait-y pas leur zy en faire faire des noms?... Court ou long, le v'là; en voulez-vous? Toi, Marguerite, si tu parles avant tou

tour, j' te vas rapp'ler à l'ord'e par
signe.

LE PRÉSIDENT.

La discussion est fermée ; je vais
mettre aux voix l'admission du citoyen
Simon.

Et Simon, grâce à la puissante re-
commandation de Jacques, fut admis
à l'unanimité. Quinze jours après, son
éloquence faisait un bruit d'enfer dans
le faubourg Saint-Antoine ; au bout
d'un mois, c'était un personnage im-
portant. On parlait partout du grand
orateur du Cheval - Rouge ; tout le
monde voulait l'entendre, et la société
se recrutait chaque jour parmi les patriotes les plus hupés. Le lieu des

séances devint bientôt trop étroit, et, en changeant de local, on modifia quelque peu le règlement : par exemple, la discussion fut interdite aux femmes, et chaque membre dut se contenter de fumer deux pipes et de vider trois bouteilles par séance : c'était une grande amélioration.

V.

V.

L'accapareuse. — Le bonnet de Simon. — Les fiancés.

Une fois la carrière ouverte, Simon s'y était jeté à corps perdu. La mort de sa mère vint le dégager du seul lien

qui eût pu le retenir encore. Sa haine
implacable du privilége et des privilégiés, une tête ardente, une élocution
facile, un courage à toute épreuve,
tout cela, dans un temps de troubles,
ne pouvait manquer de lui faire faire
un chemin rapide : il fut bientôt re-
cherché des hommes puissans, occupa
des places importantes; sa voix re-
tentit dans les clubs les plus fameux;
aux Jacobins même, quand il y paraissait, les honneurs de la séance étaient
pour lui : le garçon d'auberge était
devenu une puissance. Ce mouvement
continuel, ces dangers de chaque jour
plaisaient à son âme malade; sa jeunesse se passait sans plaisirs et sans
joie; de son âge il ne connaissait que

les tourmens ; la vue d'une jolie femme
le rendait presque furieux ; le son d'une
voix douce semblait briser son cœur ;
et le malheureux n'avait pas vingt
ans !... Pas un jour, pas une heure ne
s'écoulaient sans que le souvenir de la
belle comtesse ne vînt le torturer ; il
se rappelait sans cesse le jour où la
jolie veuve, tremblante et osant à peine
lever les yeux, était venue le visiter ;
il entendait encore ses phrases inache-
vées ; il lui semblait sentir glisser dans
ses cheveux et se jouer sur son front
cette jolie main qu'il avait tant de fois
couverte de baisers brûlans ; et tant
que durait cette extase il respirait plus
librement, son sang circulait mieux,
un rayon de joie animait son visage ;

puis, au moindre bruit, le charme ces-
sait, des rides profondes se creusaient
sur ce front dégarni, ses épais sourcils
se rapprochaient de ses paupières, et
la haine, de nouveau, pénétrait dans son
cœur, qu'elle torturait. Souvent, la
nuit, après avoir pendant quelque
temps marché au hasard, il se surpre-
nait immobile devant l'hôtel de madame de Saint-Alvar, les regards fixés
sur les fenêtres de son appartement,
et suivant attentivement et avec un
charme indicible tous les mouvemens
des ombres que les lumières de l'intérieur projetaient sur les rideaux. Cela
durait quelquefois jusqu'au point du
jour ; alors il reprenait le chemin de
son domicile, où le sommeil rafraî-

chissait ce corps que dévorait le feu des passions.

Cependant la régénération des peuples n'était pas une chimère ; la liberté, qui doit faire le tour du monde, s'était mise en chemin ; elle marchait, et son pied puissant brisait les sceptres, écrasait les rois, et le retentissement de ses pas portait la terreur dans le cœur des serviles..... Temps héroïques, patriotes géans qui d'un regard eussiez fait rentrer dans la poussière les pygmées qui osent aujourd'hui vous mesurer, à vous honneur et gloire! honte et mépris à vos détracteurs!...

Les nobles avaient disparu du sol de la France, un grand nombre de privilégiés avaient passé la frontière, le reste avait fait à la peur le sacrifice de ses titres. La comtesse était au nombre de ces derniers; Simon le savait, et il veillait sur elle, car alors la tempête populaire faisait rouler sur les places publiques les têtes de ces nobles qui avaient provoqué la colère d'une grande nation ; la voix du peuple était la voix de Dieu.

C'était un beau jour d'été ; Simon était sorti de grand matin, car il savait que ce jour devait être marqué par de grands événemens ; le sang devait couler, et Simon souriait à ces grandes catastrophes ; il eût vu sans frémir, et même avec une secrète joie, rentrer

dans le néant cette génération tout
entière parmi laquelle il n'avait trouvé
que le mépris et l'outrage, alors qu'il
était digne de son estime et de sa protection ; la haine avait pour toujours
flétri son cœur. Une seule personne
avait, malgré lui-même, le pouvoir de
le ramener à son premier état, et c'é-
tait précisément celle qu'il avait le plus
de raisons pour haïr.

Après s'être promené quelque temps,
Simon, selon son habitude, se trouva
près de l'hôtel de la comtesse : deux
sentinelles sont placées à la porte de
cette maison, qu'une foule de peuple environne en poussant des cris
confus.

— C'est une acapareuse!... à mort!
— A la lanterne l'aristocrate! — Elle
veut affamer l'peuple! — Faut lui faire
passer le goût du pain! — A mort! à
la lanterne!... Cette foule grossissait à
chaque instant; bientôt les deux gardes
nationaux qui défendaient le passage
furent incapables de lui résister, et le
peuple, comme un flot, se précipita
dans l'intérieur. Pendant ce temps, une
autre scène se passait dans la chambre à
coucher de madame de Saint-Alvar,
envahie par deux officiers municipaux
et une douzaine de soldats.

— Allons, citoyenne, disait l'un des
officiers, pied à terre!... Tu es accusée
de vouloir affamer la nation : je te

somme de nous conduire dans l'endroit où tu as caché les vivres!

Mais, au lieu d'obéir à la sommation, la pauvre petite femme cachait son joli visage sous les couvertures, et appelait de toutes ses forces ses gens, qui avaient de bonnes raisons pour ne pas se présenter.

— Au nom de la nation, répéta l'officier, je te somme de mettre tes pantoufles...

— Ah! messieurs, je vous en supplie, retirez-vous!... Je vous promets, je vous jure...

— C'est comme si tu chantais, citoyenne; la nation n'entend pas de cette oreille-là. Il nous faut les vivres en question : ventre affamé n'a pas d'oreilles. Mais les patriotes ont des bras solides et des poignets d'enfer, et si tu ne marches pas de bonne volonté...

— Voilà bien des façons! s'écria l'autre municipal.

Et d'une main crasseuse, saisissant draps et couvertures, il fit voler le tout au milieu de la chambre. La jeune femme jeta de grands cris et chercha un refuge dans ses rideaux; au même instant on entendit les portes des pièces voisines s'ouvrir avec violence, et le peuple pénétra dans la chambre en poussant des cris de mort. Ce fut

en vain que les officiers municipaux
essayèrent de calmer la rage dont cette
foule de malheureux au teint hâve,
aux joues creuses, à l'air affamé semblait animée; on s'empare de la comtesse, on l'entraîne jusque dans l'anti-
chambre, sans lui permettre de se
couvrir d'une simple robe.—A mort! à
mort! criait-on; nous trouverons bien
les vivres après!

— Il faut d'abord la juger, dit un
homme dont le poignet vigoureux
meurtrissait depuis un instant l'un des
bras de la comtesse.

— C'est juste: jugeons-là!

Alors la belle veuve, à demi-morte

de frayeur, est jetée dans un fauteuil,
et l'un des officiers municipaux pro-
cède à son interrogatoire.

Cependant Simon n'avait pas tardé
à savoir de quoi il s'agissait et quel
danger menaçait la femme qui avait
répondu par le mépris à l'amour vio-
lent qu'elle lui avait inspiré, et que,
malgré lui, malgré la haine qu'il avait
vouée à l'humanité tout entière, il aimait encore de toute la puissance de
son âme. Simon était alors coiffé de
ce bonnet phrygien, emblême d'une
liberté achetée tant de fois, toujours
payée si cher, et qui toujours nous
échappe au moment où nous croyons
la saisir; ce bonnet était orné d'une

large cocarde nationale, et sous une
veste de drap grossier deux longs pistolets étaient engagés dans une large
ceinture tricolore. C'était là le costume
ordinaire de cet homme naguère si
doux et si inoffensif. Prompt comme
la foudre, il s'élance dans cet hôtel,
dont l'intérieur, qu'il connaît si bien, lui
rappelle à la fois de tendres et doulou-
reux souvenirs, le pistolet au poing;
il jure, crie, menace, et se fait jour à
travers la foule, frappant et culbutant
tout ce qui s'oppose à son passage. Il
arrive enfin dans une pièce où la
jeune femme, pâle, les yeux hagards
et les mains jointes, pour toute réponse aux questions qu'on lui faisait, demandait grâce aux furieux qui s'étaient

constitués juges. Il était temps : la sentence allait être prononcée, et déjà dix sabres étaientlevés pour l'exécuter.

— Le premier qui bouge est mort! s'écrie-t-il en se jetant, armé de ses pistolets, entre la comtesse et les furieux qui la menacent.

— Ah! c'est vous, citoyen Simon! dit un des officiers municipaux; on peut dire que c'est une manière de Philomène de voir un patriote de votre acabit faire le muscadin auprès d'une ci-devant...

Simon regarda le personnage et reconnut le président du Cheval-Rouge.

— Nous sommes dans un temps où

les phénomènes ne sont pas rares, citoyen municipal, et nous en verrons,
j'espère, de plus surprenant que celui-ci.

— Citoyen collègue, dit le second
officier, il n'est pas juste d'inculper un
patriote sur l'étiquette du sac : pour ce
qui est de l'exécution du jugement, je
ne vois pas d'inconvénient...

— Le jugement de qui? s'écria Simon.

— Le jugement du peuple, cadet!
répondit une voix du milieu de la foule
et que le jeune homme reconnut pour
celle de Cloquet. L' peuple est souverain et y meurt de faim ; c'est-y juste

ça ?... Pisque les aristocrates enterrent
la farine, faut que l' peuple enterre les
aristocrates.... Eh! allez donc, vous
autres!

A peine ces dernières paroles fu-
rent-elles prononcées, que les sabres
se levèrent de nouveau sur la comtesse;
mais Simon, étendant le bras gauche
vers les assaillans et remettant brusquement l'un de ses pistolets dans sa
ceinture, ôta son bonnet rouge, le
posa sur la tête de la jeune femme et
s'écria :

prends la citoyenne sous ma
protection... et malheur à qui ne sait
pas jusqu'où peut atteindre le bras de
Simon quand il s'agit de vengeance!

— Tu joues gros jeu, citoyen, dit le président du Cheval-Rouge ; prends garde de sauter...

— Et toi, citoyen municipal, n'oublie pas que les Suisses sont suspects, et que peut-être avant la fin du jour cette qualité sera un arrêt de mort... Maintenant, vous n'arriverez à cette femme qu'en passant sur mon corps ! Et quel est celui d'entre vous qui osera se vanter d'avoir égorgé le patriote Simon ?

— C'est vrai c' qu'y dit là ! s'écria Cloquet ; Simon est patriote, à preuve que c'est moi qui l'ai fait passer au Cheval-Rouge, d'où c' qu'il a pris l' mors aux dents pour aller au diable.

Simon est un ami, et j' suis d'avis qu!
les amis d' nos amis sont nos amis...

— Quel est celui de vous, reprit Si·
mon, qui osera porter une main liber-
ticide sur ce glorieux emblême de notre régénération?

— Bravo! cria de nouveau Cloquet,
bravo! c'est ça! Qu'est-ce qui aura une
main libertine assez blême..... D'ailleurs, l' bonnet rouge est là!... Vive l'
bonnet rouge et l' peuple souverain!...

Cloquet n'avait pas fini que déjà les
sabres étaient rentrés dans le fourreau;
toutes ces figures étaient devenues
moins farouches, et au bout de quelques minutes cette horde de furieux

disparut comme par enchantement.
Alors la comtesse se mit à genoux, leva
les yeux vers le ciel, et, saisissant avec
transport ce bonnet qui lui avait sauvé
la vie, elle le pressa sur ses lèvres. Et
Simon était là, tremblant, respirant à
peine, n'osant faire un pas ou prononcer un mot. Ce ne fut que lorsque
la jeune femme se disposa à rentrer
dans la chambre que Simon s'approcha
d'elle.

— Au nom de Dieu! s'écria-t-il, ne
me fuyez pas!... Un mot, un seul mot
de vous peut me rendre heureux, moi
qui, en vous quittant, croyais ne jamais vous revoir et devoir pour toujours renoncer au bonheur... Oh! dites,

dites que vous me pardonnez, que vous me permettez de vous consacrer ma vie!...

A ces mots la jeune veuve se retourna, reconnut Simon, et jeta un cri d'effroi en cachant son visage dans ses mains.

— Oh! ne me fuyez pas! s'écria Simon en se jetant à ses pieds; parlez, dites ce que je dois faire pour obtenir le pardon d'une faute involontaire... Ne craignez pas de mettre mes forces et mon courage à de trop rudes épreuves... Eh! que m'importe la vie, s'il me faut vivre à jamais loin de vous! renoncer pour toujours à votre estime, à votre amour!... Le voici ce patriote

farouche qui tout à l'heure faisait trembler une horde affamée, le voici à vos
pieds, implorant un regard de pitié,
une parole de consolation...

Il parlait encore lorsque la belle
veuve, s'élançant vers sa chambre à
coucher, disparut en s'écriant :

— Un laquais ! un laquais !... O mon
Dieu !...

Et de nouveau la rage se fit jour
dans le cœur de Simon ; il grinça des
dents, serra les poings ; puis, par un
mouvement machinal, il ramassa le
bonnet rouge qu'aux premières paroles
qu'il avait prononcées Mme de Saint-
Alvar avait laissé tomber, le cacha

sous ses vêtemens et descendit précipitamment. Comme il allait franchir la porte cochère, une voiture s'arrête devant cette porte, un personnage élégant met pied à terre, et jette en passant un regard d'intelligence au portier, qui, le bonnet à la main, se tient humblement sur le seuil de sa loge.

—Quel est cet homme? dit Simon en fronçant le sourcil.

— Monsieur... c'est-à-dire citoyen, c'est monsieur le marquis... c'est-à-dire le ci-devant marquis de Galara...

— Un marquis! un marquis! malédiction!

— Pardon, citoyen; j'ai dit ci-devant.

— Eh bien! que vient-il faire ici ce ci-devant ?

— Ce qu'il vient faire ?... je ne pourrais... vu que ça n'est pas dans mon service...

— Mille tonnerres ! parleras-tu?

— Dam, citoyen, tout c' que j' puis vous dire, c'est qu'il n'y a pas d' mal à ça, attendu qu' c'est pour le bon motif, et même que c'est demain qu'on va à la municipalité.

— Quoi ! ce serait...

— Le fiancé de Mme de Saint-Alvar, sauf l' respect que j' vous dois.

— Le fiancé, misérable!... le fiancé

de la mort?... Demain, dis-tu? demain!... eh! vivra-t-il demain?

Un sourire amer effleura ses lèvres;
il sortit. A peine eut-il atteint l'extré-
mité de la rue, qu'il rencontra de nouveau cette foule que sa volonté seule
avait contenue et que son énergie
avait désarmée.

— Mes amis! s'écrie-t-il, ce ne sont
pas les branches qu'il faut abattre, ce
sont les racines de l'arbre qu'il faut
extirper.

—Pour cette fois, citoyen, dit l'ex-
suisse et président, pour cette fois,
vous avez raison diamétralement... il
faut exciper les racines... Entendez-

vous ça, vous autres? c'est les racines.
Ah ça! citoyen, j'espère que vous nous
ferez l'amitié de nous dire où elles sont
ces racines...

—C'est la tyrannie qu'il faut abattre,
c'est la royauté qu'il faut anéantir!

— C'est clair, ça, dit Cloquet : pis
que l' peuple est souverain, y n' doit
pas y avoir d'autre souverain ; car si y
en a un qui tire à hue, l'autre tirera à
dia, et la machine n'march'ra jamais...
et y faut qu'a marche la machine... En
avant, les amis!... justement, j' crois
qu' j'entends l' tambourin; v'là l' bal
qui commence!...

C'était en effet le bruit du canon

et de la fusillade qui commençait à se faire entendre ; ce jour était le 10 août 1792, le palais des Tuileries était atta-qué, le peuple et la royauté luttaient corps à corps.

— Vive la nation. vive la liberté! cria Simon; que les braves me sui-vent!...

— Citoyen., dit l'ex-président, je pense qu'il faudrait délibérer...

— Nous délibérerons sur le corps des traîtres.

— Je ferai observer au citoyen que les membres du Cheval-Rouge...

— Sont des ânes dont nous n'avons pas besoin... En avant!

— Alors, les opinions réciproques se trouvant incohérentes, je prendrai la liberté d'aller présider l'assemblée...

— Va au diable, et prends garde à la peau! interrompit Cloquet : est-il embêtant c' vieux rat d'église!

Simon parvint aisément à mettre un peu d'ordre dans cette troupe, puis il se mit à sa tête et l'on marcha vers les Tuileries.

VI.

VI.

La rage et l'amour. — La prison.

Jamais le cœur de Simon n'avait été si profondément ulcéré; il souffrait toutes les tortures de l'enfer. Mais lorsqu'il fut arrivé sur le lieu du combat, quand il vit le sang couler, quand il respira l'odeur de la poudre, son mal se calma. Le sabre d'une main, le pistolet de l'autre, il entra l'un des premiers dans la cour des Tuileries, où les Suisses faisaient une résistance désespérée. Là une jeune femme grande et belle, les bras nus, le bonnet rouge sur la tête, armée d'un fusil de chasse et d'un long et riche poignard, se défendait contre plusieurs assaillans ; son large front semblait rayonnant, ses mouvemens rapides comme la pensée; les cadavres de plusieurs soldats lui servaient de rempart, et à chaque coup qu'elle portait elle poussait un cri qui tenait en même temps de la rage et de la joie. Cependant, pressée, environnée de toutes parts, sa perte paraît certaine : Simon la voit, s'élance près d'elle, la couvre de son corps, parvient à la dégager et essaie de l'entraîner ; elle résiste.

— Oh ! laisse-moi ! s'écrie-t-elle ; il me faut du sang... encore, encore !...

— Du sang, malheureuse ! mais c'est le tien qui va couler !...

— Oui, oui ! qu'il coule, qu'il coule jusqu'à la dernière goutte !... mais laisse-moi frapper... que mon poignard s'enfonce encore dans les cœurs de ces monstres !...

Et dégageant le bras que lui tenait Simon, elle poignarde à plusieurs re-

prises et avec un rire frénétique l'un
des cadavres qui couvrent le pavé ;
puis, montrant les appartemens des
croisées desquels partent encore quelques coups de feu, elle reprend en regardant Simon :

— Viens! viens!... c'est là qu'il faut
frapper!... c'est là qu'ils sont les scélérats!..... Oh! viens, aide-moi à pénétrer là, aide-moi! et après je te
ferai, si tu veux, le sacrifice de ma vie,
je serai à toi... je t'appartiendrai.....
mais viens!... viens et frappons! qu'ils
n'échappent pas.... que je voie leur
agonie... que j'entende leur dernier
soupir!...

Simon est incapable de résister à

cette prière ; son exaltation est encore
augmentée par celle de la jeune femme.
Tous deux pénètrent dans l'intérieur
du palais, frappent les mêmes victimes
et sont souillés du même sang ; et cela
dure jusqu'à ce qu'il n'y ait plus d'ad-
versaires à combattre.

Le jour allait finir ; Simon était chez
lui, la jeune femme l'avait accompagné.
L'exaltation de cette dernière avait
cessé ; elle était triste, abattue ; et Simon, assis près d'elle, semblait attendre l'explication de tout ce qu'il
avait observé. Après un long silence,
elle jeta sur le jeune homme un regard
timide et lui dit :

— Vous m'avez vue folle, furieuse,

frénétique ; vous ignorez la cause de
cette exaspération, je dois vous l'apprendre : je voulais mourir, mais mourir en entraînant dans la tombe les
scélérats qui m'ont tout enlevé, tout,
jusqu'à l'espérance... J'avais un père,
un époux, un fils; ils sont morts,
morts sous les coups du despotisme!...
Après dix ans d'une horrible captivité,
mon père mourut dans les cachots de
la Bastille; Charles, mon Charles est
tombé sous les murs de cette prison,
le 14 juillet, et le même jour, la mitraille royale vint atteindre mon fils
dans son berceau... Ils sont morts, et
j'ai juré de les venger... vous savez
si j'ai tenu mon serment.... et cependant, cette soif de vengeance qui

me dévorait n'est pas encore éteinte ;
elle ne le sera pas tant qu'il y aura à
verser quelques gouttes de ce sang
impur! ..

A mesure que la jeune femme parlait, son visage s'animait de nouveau,
ses yeux étaient étincelans : Simon l'admirait. Il n'osa prononcer un mot ;
mais il s'approcha davantage de sa
compagne, arrondit l'un de ses bras
sur sa taille svelte, et la regarda avec
cette tendre pitié dont, en dépit de
lui-même, il avait encore de fréquens
accès. Soit que la jeune femme inter-
prêtât mal ces regards, soit que l'exaltation qu'avait amenée de nouveau le
récit de ses maux la poussât, elle se

leva à demi, passa ses bras autour du cou de Simon, et s'écria :

— Je suis à toi! oui, à toi, sans ré-serve, sans restriction!... Oh! je n'ai pas oublié mon serment... Tu m'as vengée... tu me vengeras... et je t'ai-merai, et je serai à toi, toujours, tou-jours!... car toi seul as compris mes souffrances, et toi seul peux les adou-cir!...

Et cette espèce de délire passa ra-pidement de l'esprit de la jeune femme à celui de Simon; il se crut dans un monde nouveau; en un instant il ou-blia tout ce qu'il avait aimé, tout ce qu'il avait souffert : sermens, résolu-tions, haines, projets, tout disparut lorsque les lèvres de Lucie touchèrent les siennes... Il faisait nuit. . . . . . .

. . . .

. . . .

Le jour commençait à poindre ; un sommeil réparateur avait rafraîchi le sang de Simon. Près de lui dormait Lucie, cette jeune femme, ange ou démon, dont l'âme ardente avait produit sur lui de si terribles et de si douces impressions... Près de là était sa robe couverte de sang, son poignard, dont la pointe s'était émoussée sur les os des soldats, et elle dormait! Son visage était calme, son front serein, son haleine douce, sa respiration égale; il y avait de quoi confondre l'i-

magination. Simon admirait en silence
ce chef-d'œuvre de la création ; il ne
put résister au désir de déposer un
baiser sur ces lèvres vermeilles et en-
tr'ouvertes. La jeune femme s'éveilla,
regarda avec surprise autour d'elle
jusqu'à ce que ses regards eussent ren-
contré ceux du jeune homme.

— Ah ! c'est toi, ami ! dit-elle en ten-
dant ses bras vers lui... Dieu ! quel
songe délicieux !... mon Charles était
près de moi, mon fils était dans mes
bras, il jouait avec les cheveux de son
père... Oh ! ne te fâche pas ; ils sont
morts !...

Elle laissa tomber sa tête sur sa poitrine, et après un long silence elle s'écria de nouveau :

— Morts !... Oh! mon Dieu!

Simon fut ému, ses larmes coulèrent, et cet instant fut pour lui délicieux : il y avait si long-temps qu'il n'avait pleuré!... Lucie reprit :

— Console-toi, ami, nous les vengerons... N'est-ce pas que nous les vengerons?... aujourd'hui, demain, toujours... Car je suis à toi maintenant, et tu es à moi!...

Simon était hors de lui; il prit la jeune femme dans ses bras, la pressa sur son cœur. En ce moment il pensa à la comtesse, et ce souvenir fit sur

lui l'effet de la foudre : il détourna la
tête, pâlit; un mouvement convulsif
agita son corps.

—Je sors, dit-il; il faut que je sorte...
pendant quelques instans seulement.

Et sans attendre de réponse il s'é-
lança hors de l'appartement.

— Elle est vengée, elle, disait-il en
marchant à grands pas; mais moi, le
suis-je?... le serai-je jamais?... C'est aujourd'hui qu'elle se marie... Demain,
ce soir, dans quelques heures tout sera
consommé!

Il s'arrêta, ses dents se serrèrent,
et tandis que sur l'une de ses mains il
appuyait son front couvert de sueur,

de l'autre il se déchirait la poitrine.

— Se marier, reprit-il, passer dans les bras d'un autre!... Oh! qu'elle meure plutôt... Que le ciel et la terre se confondent, et que l'univers soit anéanti!... Quelles tortures!... l'infâme!... et je l'aime, je l'adore, elle dont le souvenir seul doit faire de ma vie un long supplice... malédiction!... je sens dans mon cœur toutes les furies de l'enfer!..... Oh! non, elle ne sera pas à lui, il ne respirera pas son haleine, il ne sentira pas les battemens de son cœur... Cela ne peut être, cela ne sera pas!...

Il recommença alors à marcher, roulant dans sa tête de sinistres projets et ne s'arrêtant à aucun, car le

premier effet de leur exécution devait
être le désespoir de la comtesse, et
même, en faisant un appel à la rage, il
ne pouvait se résoudre à jeter le désespoir dans le cœur de cette femme.
Il réfléchit long-temps; enfin il s'é-
cria :

— Oui, c'est cela! ce ne sera pas
payer trop cher le mal qu'elle m'a fait.

A ces mots, il dirigea ses pas vers
la Commune. Une heure après, un man-
dat d'arrêt était lancé contre la comtesse, et avant que Simon fût rentré
chez lui elle avait entendu rouler sur
leurs gonds les portes d'une prison, et
aux pas du guichetier, son guide, suc-
céder le bruit des verroux.

Lorsque Simon rentra, Lucie était levée; elle avait fait disparaître les taches de sang de dessus ses vêtemens et avait arrangé sa chevelure.

— Tu as été bien long-temps, ami, dit-elle en l'embrassant. Désormais je ne veux plus te quitter; car je t'aime, entends-tu? je t'aime, et ce n'est que près de toi que la vie peut encore me paraître douce.

VII.

VII.

La prison du Luxembourg. — Une visite. — Le
geôlier républicain.

La France était en pleine voie de
régénération, la société se nivelait, et
la hache révolutionnaire abattait sans
pitié les têtes de ces prétendus grands

qui refusaient de s'abaisser devant la majesté du peuple. Simon n'avait plus que des égaux; les emplois qu'il occupait lui permettaient de jouir de tous les plaisirs de la vie ; il était aimé d'une femme jeune et belle, aux formes aériennes, à l'âme de feu, et pourtant il souffrait ; ses joues creuses, son teint plombé, ses cheveux blanchis avant l'âge attestaient des souffrances morales violentes et incurables. A chaque instant, le souvenir de la comtesse, de cette femme qu'il avait tant aimée, qu'il aimait tant, qu'il devait aimer toujours, ce souvenir torturait son cœur.

— Qu'as-tu donc, ami? lui disait.

souvent Lucie en l'embrassant, tu es sombre, triste... qu'as-tu?... Tu refuses de me dire tes chagrins : tu ne m'aimes donc pas? et pourtant, je t'aime tant!... Oh! oui, je t'aime!... je t'aime, car tu m'as vengée... et l'ombre de mon Charles est satisfaite... et mon fils est parmi les anges...

Un sourire alors effleurait les lèvres de Simon; il pressait sur son cœur cette jeune femme, puis il soupirait; des larmes amères coulaient sur son visage, et, s'arrachant des bras de Lucie, il allait s'enfermer dans son cabinet, et là il se frappait le front, se déchirait la poitrine, puis rugissait comme un lion, jusqu'à ce que ses forces, anéan-

ties par l'excès du mal, l'eussent réduit
à cet état d'inanité qui n'est pas la
mort, et qui pourtant est si loin de
la vie.

Cela durait depuis plusieurs mois; la
santé de Simon était chancelante; quelques années avaient fait sur lui l'effet
d'un demi-siècle; il avait le sentiment
de sa faiblesse; la mort paraissait pro-
chaine, et il s'en réjouissait : pour
lui, mourir, c'était cesser de souffrir.

C'était vers le mois d'août 1793,
Simon travaillait au grand œuvre, c'est-
à-dire qu'il poussait de toutes ses forces
à la régénération des peuples, un ma-

tin, pendant qu'il rédigeait un mani-
feste accablant contre l'aristocatie des
quatre parties du monde, on lui an-
nonce qu'un citoyen, portant le bonnet
rouge, la carmagnole et la cocarde nationale, demande à lui parler.

— Qu'il entre, dit Simon.

Et le citoyen paraît, le bonnet sur
la tête, et la main droite sur le front.

— Bonjour, cadet.... c'est-à-dire citoyen Simon... M'est avis, mon officier, qu' les aristocrates sont f..... depuis *pater* jusqu'à *amen*... c' qui prouve
qu'on a eu raison d'leux montrer l'chemin de l'éternité...

— Ah! c'est vous, Cloquet! je suis bien aise de vous voir, mon ami.

— Vous êtes bien aise?... eh bien! moi aussi, foi d' patriote!...

— Est-ce que, par hasard, votre courage n'aurait pas été convenablement récompensé? douterait-on de votre civisme?

— Du tout, du tout, mon officier! c'est pas ça : le civis est à l'ord'e du jour; les cadets qu'a du cœur n' manquent de rien, et à preuve que j'ai évu l'honneur d'attraper un' place de geôlier à la prison du Luxembourg.

— J'en suis bien aise, Cloquet; et si je puis vous être utile...

—C'est ça, mon fils! Imaginez-vous,
citoyen... respect au mérite!... imaginez-vous que j'ai, dans mon arrondis-
sement, une particulière qu'est gen-
tille comme un cupidon et qui pleure
comme une Madeleine. Moi, d'abord,
l' sexe n' m'est pas inférieur, au contraire. All' séchait sur pied, c't' inno-
cente!... Si bien qu'un beau jour.....
c'était la nuit dernière, all' faisait des
soupirs à dormir debout, c' qui fait
qu' je n' pouvais pas fermer l'œil... d'autant plus que j' suis sensible, sans qu' ça
paraisse. Là-dessus, j' lui dis : — Mon
enfant, j' sais bien qu' la guillotine c'est
pas tout c' qu'il y a d' plus gai ; mais
pourquoi qu' vous avez l'inconvénient
d'être aristocrate? vous sentez pour-

tant bien qu' ça n' peut pas être limitrophe et exceptionnel?... Encore si vous connaissiez quéque patriote, sans-culotte et bon enfant, qui fût capable de dire quéque chose en faveur d' votre intention...

— Ah! citoyen, s'écrie-t-elle, c'est un patriote qui m'a dénoncée, c'est un patriote qui veut ma mort... c'est Simon !...

— Halte-là! que j' dis; Simon, je l' connais : c'est un intrépide dans l' combat, mais c'est un agneau après la victoire. J'irai l' trouver d'main matin...

— Eh bien! dites-lui que madame

de Saint-Alvar désire l'entretenir un instant.

— Madame de Saint-Alvar! s'écria Simon ; c'est la citoyenne de Saint-Alvar qui vous envoie vers moi?

— Justement, et ça n'doit pas vous étonner, si c'est vrai qu'vous avez eu la chose d'la faire mettre à l'ombre... Pourtant, ça m'semble drôle qu'un bon enfant d'sans-culotte s'montre si dur à l'endroit d'une jolie femme...

— Enfin, elle implore mon secours!... elle qui m'accablait de mépris alors que je l'adorais, elle qui me repoussait du pied quand je me traînais à ses genoux!...

— Ma foi, citoyen, j' m'avais douté qu'y avait anguille sous roche et du cotillon sus jeu... Il est sûr que si la particulière n'avait pas l'incommodité d'être aristocrate et ci-devant, ça serait un vrai plaisir d' lui dire deux mots en particulier....... Ah ça, citoyen, y a-t-il une réponse ?

— Dites-lui que j'irai la voir, Cloquet; que j'irai aujourd'hui même, ce matin... ou plutôt vous ne lui direz rien, je pars avec vous. Je suis prêt à entendre ses réclamations ; mais si le malheur ne l'a pas changée, si elle ose me faire entendre des paroles de mépris, si dans le patriote et le citoyen elle s'obstine à ne voir que le garçon

d'auberge, que le laquais... malédiction! cet outrage sera le dernier!... Partons, Cloquet.

Une demi-heure après, Simon par-
courait les corridors du Luxembourg,
dont on avait fait une prison à l'usage
des prévenus de délits politiques ; car
ces farouches républicains, contre lesquels tonnent, de nos jours, les fou-
dres du parquet, ces buveurs de sang,
comme les nomment les lâches, les serviles et les sots, ces fougueux déma-
gogues, comme disent ces enragés
d'ordre, ces niais du juste-milieu, ces
républicains, il est vrai, faisaient tomber les têtes de leurs ennemis, mais ils
ne confondaient pas les factieux avec

les voleurs; ils n'enchaînaient pas les journalistes avec les forçats, et ils souffraient volontiers que leurs prisonniers reçussent la visite de leurs parens et de leurs amis; il ne fallait pas dix pétitions pour obtenir la faveur de donner la main au travers d'un guichet... Il est vrai qu'alors la meilleure des républiques n'était pas encore inventée.

— C'est ici, dit Cloquet en introduisant une clef dans la serrure de l'une des chambres. Y a gros à parier que la citoyenne n' s'attend pas à vous voir si tôt; mais y a pas d' mal de s' montrer un peu complaisant envers l' sexe dans l' malheur et sous clef..... Entrez, citoyen.

La comtesse était assise devant une petite table, les coudes appuyés et le visage caché dans ses mains; elle se leva et fit un mouvement de surprise en reconnaissant Simon.

— Je me rends à votre invitation, madame, ou plutôt j'obéis à vos ordres.

— Que parlez-vous d'ordres?... appartient-il à une malheureuse prisonnière d'en donner à son geôlier?

Ce reproche fit sur Simon l'effet d'un coup de poignard; il chancela, accepta le siége que lui présenta la belle veuve, et ce ne fut qu'après quelques instans qu'il put reprendre la parole.

— Je ne veux pas le nier, madame ;
c'est à ma sollicitation que vous êtes
ici ; vous y êtes parce que je n'ai pu me
résigner à souffrir les nouvelles tortures que vous me prépariez ; à tous les
maux que j'avais endurés, vous alliez
ajouter le mal le plus horrible, celui
de vous voir dans les bras d'un autre
homme ; vous alliez vous marier... Et
vous savez si je vous aimais, si je puis
cesser de vous aimer !... J'en atteste le
ciel : si je n'eusse pu détourner ce coup
qu'en vous poignardant, je n'eusse pas
hésité une seconde... Oui, je vous aime,
et cet amour ne peut s'éteindre qu'a-
vec ma vie, puisqu'il a résisté au mépris dont vous m'avez accablé... Cet
homme qui avait tant de fois respiré

votre douce haleine, cet homme dont
les lèvres avaient touché les vôtres,
vous l'avez repoussé du pied alors qu'il
vous demandait grâce pour une faute
involontaire; celui que vous aviez ap-
pelé des plus doux noms, vous l'avez
flétri des plus dures épithètes.

La comtesse avait les yeux baissés;
son air était calme, son visage n'ex-
primait pas le moindre regret.

— Monsieur, dit - elle, ce n'est pas
pour vous entretenir du passé que j'ai
désiré de vous voir, et vous convien-
drez que le lieu est mal choisi pour ex-
humer de tels souvenirs. Mon intention n'était pas de faire un appel à votre tendresse, mais seulement à votre

probité. Vous savez mieux que personne combien peu est fondée l'accusation qui motive ma captivité; c'est la liberté, qui m'a été injustement ravie, que je vous demande.

— Eh quoi! pas un mot de consolation! pas un rayon d'espérance!

La comtesse se tut. Simon était dans un état difficile à décrire; il se jeta aux pieds de la prisonnière, il embrassa ses genoux, et pendant quelques instans, il ne put faire entendre que de sourds gémissemens.

—Levez-vous, monsieur, levez-vous! cria la belle veuve... Grand Dieu! voudriez-vous me faire violence?...

—Un mot, un seul mot! dit le jeune homme d'une voix étouffée : dites-moi que je puis espérer, que l'avenir peut m'être favorable ; dites que, dans votre cœur, le mépris n'a pas entièrement remplacé l'amour!... et puis imposez-moi toutes les conditions imaginables, disposez de ma vie entière.....

—Je demande justice, répliqua froidement la comtesse.

—Eh bien! oui, dit Simon en se relevant, que justice te soit faite! mais n'oublie pas que je jette dans la balance le poids de tous les maux que tu m'as faits!

A ces mots il frappa violemment à la porte, et Cloquet vint ouvrir.

— Sacredieu! citoyen, dit-il, l' canon d'la Bastille n' ma pas rendu sourd; Cloquet a bon pied, bon œil, et des oreilles solides au poste ; mais c'est pas une raison pour taper comme sur une enclume... T'nez, v'là la citoyenne ci-devant qu'en est tout je n' sais comment...

— Laissez-mōi passer, Cloquet; j'é-touffe ici...

— Eh ben! mon officier, donnez-vous d' l'air, ça vous est permis, mais faut pas casser les portes... Ah ça, y a-t-il du nouveau, voyons? Avez-vous apprivoisé l'oiseau à celle fin qu'on l' mette hors de cage ? ou bien continue-ra-t-y à siffler la linotte?

— Il n'y a rien de changé, Cloquet;
rien, absolument rien..... Adieu, citoyen.

Il sortit.

— Diable! pensa Cloquet, il faut
qu' la particulière ait une vertu fière-
ment dure à digérer! C'est dommage;
mais ça n' me r'garde pas... Citoyen
Cloquet, vous êtes geôlier au service
d' la nation.... c'est assez vous dire que
l' sentiment c'est des bêtises... Suffit.

VIII.

VIII.

Les septembrisades. — L'armée révolutionnaire.
— Le billet de logement.

Si l'amour de Lucie ne pouvait dissiper les chagrins de Simon, au moins
il les rendait supportables : mais l'âme
ardente de cette jeune femme ne pou-

vait lui permettre de souffrir de partage ; elle voulait amour pour amour, elle aimait avec fureur, et c'était avec fureur qu'elle voulait être aimée. Eh! désormais Simon pouvait-il ressentir d'autre amour que celui que lui avait inspiré madame de Saint-Alvar?... A la vérité, les affaires du temps faisaient une puissante diversion à ses maux. Ami des hommes puissans de cette époque, homme puissant lui-même, il travaillait avec autant d'ardeur que d'énergie au grand œuvre de notre régénération : il avait compris qu'un baptême de sang était nécessaire, et il le versait sans remords, persuadé qu'il suffisait que cela fût utile pour que cela fût juste. Et puis, que lui importaient les maux de l'espèce humaine, lui qui la détestait, lui dont le bon naturel avait été gâté de si bonne heure, lui dont les plus douces affections avaient été trompées, lui qui vivait sans plaisir et qui serait mort sans regrets?

Un temps assez long s'était écoulé depuis qu'il avait visité la comtesse, lorsqu'un matin, en se rendant à la Commune, il rencontra Cloquet qui se promenait assez tristement.

— Bonjour, l'ami Cloquet : vous n'avez pas l'air gai ce matin; vous serait-il arrivé quelque accident?

— Ma foi, citoyen, y a d' quoi donner du tintouin à plus d'un... c'est pas qu' ça m'empêche d'être partiote ; et d'ailleurs j'espère bien n' pas être long-temps sus l' pavé; n' faut pas tant d' drap pour habiller un sans-culotte ; mais enfin vous savez qu' j'avais du cœur à la chose.

— Vous aurait-on destitué ?

— Du tout! c'est moi qui m'a des-titué.

— Vous avez donné votre démis-sion ?

— C'est pas ça... J'étais gardien, pas vrai?

— Je m'en souviens parfaitement.

— Eh ben! je n' peux pa-t-être gardien pis qu'y n'y a p'us personne à garder...

— Comment, votre prison est vide ?

— Comme vous dites, citoyen : pas p'us d' suspects que dessus ma main, pas seulement un aristocrate gros comme le pouce.

— On a tout élargi ?

— Tout, à grands coups de sabre. Ça été bentôt fait, allez! les avocats ont pas eu la peine d' s'égosiller.

— Je sais que cela devait arriver... mais tout... L'abîme est ouvert; il faut le combler... Malheureuse femme!

— C'est-y pas d' la jeune femme qu'
vous êtes v'nu voir qu' vous parlez?
Eh ben, c'est aujourd'hui son tour,
elle est à la Conciergerie, et c'est pas
encore fini par-là.

Simon n'en entend pas davantage;
il quitte brusquement Cloquet, et court
vers la Conciergerie, dont il est peu éloigné. Arrivé sur la place du Palais-de-Jus-
tice, il aperçoit un monceau de cadavres;
des hommes couverts de sang portent
au bout des piques dont ils sont armés des têtes fraîchement coupées;
l'une d'elles frappe les regards de Simon.

— C'est elle! s'écrie-t-il... O mon
Dieu! c'est moi qui suis cause... c'est

moi qui l'ai tuée ! moi qui lui aurais fait sans hésiter le sacrifice de ma vie!...

Et détournant la tête de cet horrible tableau, il s'éloigna à grands pas.

— Je veux quitter Paris, se disait-il; je ne saurais respirer ici, l'air me manque. Je voyagerai : peut-être cela me distraira-t-il, peut-être oublierai-je... L'oublier! jamais, jamais!... cet infernal amour est un supplice qui ne doit finir qu'avec ma vie.

— Que t'est-il donc arrivé, ami? lui dit Lucie lorsqu'il rentra; comme tu es pâle!...Tu trembles!... crains-tu quelque chose?

— Moi, craindre! Plût à Dieu que je

pusse craindre quelque chose!... craindre, c'est presque espérer!.... Lucie,
je veux quitter Paris : tu me suivras,
n'est-ce pas? tu m'aideras à porter jusqu'au bout ce fardeau accablant de la
vie... Tu pleures, Lucie?... que t'ai-je
fait?... ne m'aimes-tu pas assez pour me
suivre?

— J'irai au bout du monde, si tu le
veux.

— Bonne Lucie! tes larmes me sou-
lagent... Je ne pleure pas, moi; je ne
puis pleurer!

— Pourquoi me caches-tu tes chagrins? ne t'ai-je pas tout dit, moi, tout?
et tu m'as consolée... et maintenant tu

crains de m'ouvrir ton cœur!... Serait-
ce... oh! non, cela n'est pas, cela ne
peut pas être!... Simon n'est pas un
monstre!... Pardonne-moi, ami; non,
non, je ne te soupçonne pas... je te
suivrai partout... tu m'aimeras toujours... Dis-moi que tu ne cesseras pas
de m'aimer... Tu ne réponds pas!... Oh!
si... mais c'est impossible!... une si
belle âme!

Simon semblait enseveli dans de
profondes réflexions; il n'entendait
plus la jeune femme : elle s'en aperçut
et se tut. Plusieurs jours s'écoulèrent
sans que le moral de Simon s'amélio-
rât; sa mélancolie semblait incurable.

— Nous partons demain, dit-il un

jour à la jeune femme ; je suis nommé commissaire près l'armée révolutionnaire... Du sang! encore du sang!... c'est assez, c'est trop! Au moins, ce ne seront pas les mêmes objets ; nous changerons de place souvent, tous les jours peut-être : c'est quelque chose, n'est-ce pas, Lucie? Nous ne reviendrons pas à Paris; Paris est horrible, hideux maintenant.

Lucie s'occupa des préparatifs du départ, et le lendemain, dès le matin, ces singuliers amans partirent pour Amiens, où se trouvait alors le quartier-général de l'armée révolutionnaire.

Cette armée, composée de six mille

hommes, ne devait pas sortir de la
France; elle était destinée à accélérer
les exéeutions capitales dans les dé-
partemens, et elle traînait à sa suite
une certaine quantité de guillotines et
de bourreaux, d'accusateurs et de
juges.

Simon fut bien accueilli par les officiers de l'état-major, et l'on s'empressa de lui chercher un logement
convenable.

— Je pars aujourd'hui même pour
Paris, dit l'un des officiers, et je vous
engage à me remplacer dans la maison
où le hasard m'avait logé : soit crainte,
soit patriotisme, j'y ai été très-bien

traité, et je suis sûr que vous n'aurez pas à vous plaindre.

Simon accepta, et le billet de logement lui fut bientôt expédié. Il sort, accompagné de Lucie et suivi d'un homme qui portait son bagage, et arrivé dans la rue il lit ce billet : « Le citoyen de Kerkalec, place Verte, n°... »

— De Kerkalec! s'écrie-t-il, le comte de Kerkalec!... je le trouve donc le misérable!... oui, j'irai chez lui, mais j'y veux aller bien accompagné ; car s'il m'échappait cette fois j'en mourrais de rage.

Les pouvoirs de Simon étaient très-étendus ; sur sa réquisition plusieurs

soldats l'accompagnent, et tous arrivent chez le comte, qui se présente
humblement pour recevoir son nou-
vel hôte. A peine a-t-il aperçu Simon
qu'il pâlit : c'est d'une main tremblante qu'il prend le billet.

— Tu trembles, comte? dit Simon ;
tu ne t'attendais pas à pareille visite,
je le sais; mais qu'as-tu donc fait de
tes rodomontades et de cette brillante
épée dont tu faisais jadis un si noble
usage?... Regarde-moi bien ; oui, oui,
tu ne te trompes pas, je suis Simon,
Simon, le garçon d'auberge, Simon
qui t'a juré une haine éternelle, Simon
qui aura aujourd'hui le double avantage de frapper son plus mortel en-

nemi et de débarrasser la république d'un mauvais citoyen...

— Je ne croyais pas, répondit le comte, que l'armée révolutionnaire fût chargée de satisfaire les vengeances particulières.

— L'armée est chargée d'exterminer les traîtres, les ennemis de la république, les prétendus nobles qui courbent lâchement la tête aujourd'hui dans l'espérance de reconquérir d'infâmes priviléges, et qui conspirent dans l'ombre contre la liberté et l'égalité. Or, moi, le citoyen Simon, commissaire, je déclare que tu es un de ces traîtres, et les preuves ne manqueront pas, comte; ces preuves, je les donnerai... Qu'on l'emmène!...

L'ordre fut exécuté sur-le-champ, et l'on conduisit le comte en prison, où il ne devait pas rester long-temps; car, en pareille matière, la justice du temps était expéditive. Simon dressa l'acte d'accusation, et cet acte était un arrêt de mort.

— Que t'a donc fait cet homme, ami? lui demanda Lucie lorsqu'ils furent seuls.

— C'est un scélérat, un infâme!... ce qu'il m'a fait!... les plus cruels supplices ne pourraient suffire pour le lui faire expier. Il était puissant autrefois, et j'étais jeune alors; j'étais jeune, bon, sensible, humain..... eh bien! toutes ces vertus, ce fut lui qui les étouffa dans mon cœur! le premier il me fit connaître la haine... la haine que je porte partout, horrible fardeau que je ne pourrai déposer que dans la tombe...

Ce n'était pas la première fois que Lucie avait vu son ami dans cet état; ces accès de misanthropie se reproduisaient souvent, et elle savait qu'alors le repos et la solitude étaient les moyens les plus sûrs de les calmer; elle se retira, et Simon demeura seul pendant le reste du jour.

Le lendemain, vers midi, une femme

jeune et belle se présente chez lui ; son visage est baigné de larmes ; ses cheveux, en désordre, flottent sur ses épaules ; elle se précipite aux pieds de Simon, qui s'empresse de la relever.

— Grâce ! grâce ! s'écrie-t-elle ; oh ! je vous en conjure, grâce pour mon frère !...

Simon reconnaît cette voix ; il regarde, écarte d'une main les longs cheveux qui couvrent une partie du visage de la belle visiteuse : c'est elle, c'est madame de Saint-Alvar !

— Vous ici, madame !... Oh ! votre présence soulage mon cœur d'un poids horrible ! je vous croyais morte, j'avais cru voir vos dépouilles sanglantes....

— **Plût** au ciel que j'eusse cessé de vivre... mais ce n'est pas de moi que je veux parler : mon frère, mon malheureux frère vient d'être condamné; dans deux heures il doit être exécuté... c'est sa grâce que je vous demande, que j'implore à genoux....... oh! grâce! grâce!

— **Il** est bien tard, madame! j'ai été assez puissant pour le perdre, je ne le suis pas assez pour le sauver... et puis vous implorez pour lui la pitié d'un homme dont il a empoisonné la vie..... Et vous, madame, vous que j'ai tant aimée, vous dont j'avais fait une divinité, ne m'avez-vous pas accablé de mépris? ne vous êtes-vous pas fait un jeu cruel de torturer mon cœur?..... Eh bien! oui, je le sauverai, j'obtiéndrai un sursis; mais, en faisant cela, je joue ma tête : que m'offrez-vous en récompense de mon dévouement?

— Ma fortune est considérable; je vous l'offre tout entière, sans réserve.

— Eh! que m'importe votre fortune! c'est votre amour que je veux, car lui seul peut me faire oublier tous les maux que j'ai soufferts... Ma vie est à vous, car ce n'est que pour vous aimer que je vis...

A ces mots, Simon tira de dessous ses vêtemens un bonnet rouge, et, le montrant à la jolie veuve, il reprit :

— Le connaissez-vous?... c'est celui que je posai sur votre tête pour vous arracher à une populace irritée ; il a touché vos cheveux, il a été pressé sur vos lèvres : je ne m'en séparerai jamais ! sa place est là, sur mon cœur... Oh! rendez-moi cet amour! et dussé-je le payer de ma vie, je n'hésiterai pas.

Il parlait encore lorsque la porte de sa chambre s'ouvrit avec violence; Lucie parut.

— Tu l'aimes, traître! s'écria-t-elle, tu l'aimes!... tiens, voilà le prix de ta trahison !

Et, s'élançant vers Simon, elle le

frappa de ce terrible poignard qui, le
10 août, avait été si fatal aux défenseurs
de la royauté. Simon tomba, et pres-
qu'en même temps Lucie se précipita
par la fenêtre et se brisa la tête sur le
pavé.

La comtesse jeta des cris perçans.
On s'empressa de secourir Simon, qui,
d'une main défaillante, essayait d'étan-
cher avec son bonnet rouge le sang
qui s'échappait de sa large blessure.
Les chirurgiens déclarèrent qu'il y
avait espoir de guérison ; mais Simon
avait perdu connaissance et il passa
une partie de la journée dans cet état.

TABLE

DU TOME PREMIER.

—

FIN DU TOME PREMIER.

www.ingramcontent.com/pod-product-compliance
Lightning Source LLC
Chambersburg PA
CBHW060029100426
42740CB00010B/1659